U0361911

中国租赁
蓝皮书

BLUE BOOK
OF
CHINA'S
LEASE

CHINA FINANCIAL

LEASING INDUSTRY DEVELOPMENT

REPORT FOR 2016

中国租赁联盟　天津滨海融资租赁研究院 编

2016年
中国融资租赁业
发展报告

南开大学出版社

图书在版编目(CIP)数据

2016 年中国融资租赁业发展报告 / 中国租赁联盟，
天津滨海融资租赁研究院编. —天津：南开大学出版社，
2017.6

ISBN 978-7-310-05415-2

Ⅰ.①2… Ⅱ.①中… ②天… Ⅲ.①融资租赁－研究
报告－中国－2016 Ⅳ.①F832.49

中国版本图书馆 CIP 数据核字(2017)第 135268 号

南开大学出版社出版发行
出版人：刘立松
地址：天津市南开区卫津路 94 号　　邮政编码：300071
营销部电话：(022)23508339　23500755
营销部传真：(022)23508542　　邮购部电话：(022)23502200
*
唐山新苑印务有限公司印刷
全国各地新华书店经销
*
2017 年 6 月第 1 版　　2017 年 6 月第 1 次印刷
260×185 毫米　16 开本　13.5 印张　2 插页　353 千字
定价：68.00 元

如遇图书印装质量问题，请与本社营销部联系调换，电话：(022)23507125

《2016 年中国融资租赁业发展报告》编委会

前　言

从 2007 年始，中国租赁联盟即组成中国租赁蓝皮书编委会，开始编纂中国租赁蓝皮书——《中国融资租赁业发展报告》，到《2016 年中国融资租赁业发展报告》发布，已经经历了 10 年的时间。至今，已完成年度蓝皮书 10 部。根据行业发展的实际需要和有关管理部门及许多企业的建议，中国租赁蓝皮书编委会决定，从 2013 年起，每季度发布一次发展报告。

《2016 年中国融资租赁业发展报告》是对 2016 年中国融资租赁业总体发展情况的综合分析，仅供有关管理部门、租赁企业和国内外关心、研究、推动中国租赁业发展的各方面人士参考。

《2016 年中国融资租赁业发展报告》的编写，是在商务部流通业发展司和天津市商务委员会的指导、帮助下完成的。

我们衷心期望通过对租赁蓝皮书的编写和发布，能使更多的人了解和关心这个行业，也期望蓝皮书的编写工作能得到广大读者更多的帮助和指导。

编委会
2017 年 4 月

目　录

综　述 1

　　企业数量 3

　　企业的地区分布 6

　　行业实力 7

　　全国融资租赁企业 50 强 9

　　业务总量 12

　　行业占比 13

　　面临问题 14

分　述 17

　　金融租赁 19

　　内资租赁 21

　　外资租赁 23

　　资产证券化 25

　　行业组织 25

　　教育培训 33

　　重要会展 33

　　主要著作 35

政策法规 39

　　中央及部委文件 41

　　地方文件 48

2016 年行业大事记 69

企业排行榜 93

    金融租赁企业排行榜 95

    内资租赁企业排行榜 98

    外资租赁企业 300 强排行榜 106

编后语 206

Contents

Summarize 1

    Number of Enterprises 3

    Regional Distribution of Enterprises 6

    Industry Strength 7

    Top 50 Chinese Financial Leasing Enterprises 9

    Total Business Volume 12

    Industry Accounted 13

    Faced Problems 14

Breakdown 17

    Financial Leasing 19

    Domestic Funded Leasing...21

    Foreign Funded Leasing...23

    Asset Securitization..25

    Industry Association..25

    Education and Training 33

    Important Conference 33

    Important Work 35

Policies and Regulations 39

    Central and Ministerial Documents 41

    Local Documents 48

Major Events in 2016 69

Top Enterprises 93

    Top Financial Leasing Enterprises 95

    Top Domestic Funded Leasing Enterprises 98

    Top 300 Foreign Funded Leasing Enterprises 106

Editor's Notes 206

综　述

2016 年，在全国经济增长下行压力继续增大的背景下，我国融资租赁业继续逆势上扬，呈较快发展态势。

进入 2016 年第二季度以来，由于"易租宝"事件的负面影响逐渐消除，一些停止对外资租赁企业审批的地区开始恢复审批工作，使得行业发展速度加快。虽然企业空置率较高，一些企业出现经营风险，但总体运行良好，没有出现行业性和区域性风险。在天津、上海、北京、广州、西安等城市和地区，融资租赁业逐渐成为推动当地经济增长的新引擎。

2016 年，融资租赁业积极发挥"融资与融物"相结合的特色功能，通过直接租赁推动企业加快设备的改造升级，通过售后回租帮助企业盘活存量资产，通过经营性租赁降低企业资产负债率，助推相关产业转型发展。其行业服务范围不但覆盖电力、制造、交通运输、采矿、水利等国民经济主要传统行业，更涉及高端装备制造、节能环保、新能源等战略性新兴产业。其租赁物不但包括飞机、船舶、钻井平台、轨道交通、生产线等大型设备、厂房，还包括工程机械、计算机、农机等中小型设备。2016 年在有关各方的积极支持下，融资租赁业紧抓发展机遇，积极提升专业化经营能力，持续加强风险管理，行业实力不断增强，整体经营情况良好，总体风险可控，在服务实体经济过程中实现了稳健发展。

2016 年 3 月，财政部、国家税务总局发布了《关于全面推开营业税改征增值税试点的通知》；商务部、国家税务总局发布了《关于天津等 4 个自由贸易试验区内资租赁企业从事融资租赁业务有关问题的通知》，其中提出，将内资试点融资租赁企业从事融资租赁业务的审批确认工作下放到四大自贸区所在省市的商务主管部门和国税部门。为响应国务院办公厅《关于加快融资租赁业发展的指导意见》（国办发〔2015〕68 号）、《关于促进金融租赁行业健康发展的指导意见》（国办发〔2015〕69 号），2016 年各省、直辖市、自治区地方政府纷纷出台支持当地融资租赁业发展的政策和措施。在此基础上，我国融资租赁业继续保持向前发展的趋势，企业数量、行业实力、业务总量依然保持较大幅度的增长。

企业数量

2016 年，金融租赁企业，尤其是农商行、城商行参股设立金融租赁企业的积极性高涨。截至 2016 年底，全国金融租赁企业已经达到 59 家［不含已经获批但未正式开业的公司，不含分公司、SPV（单一项目公司）子公司］，较 2015 年底增加了 12 家，同比增长 25.5%。此外，还有多家金融租赁企业已经获得中国银监会筹建批复。

2016 年 3 月，商务部、国家税务总局发布《关于天津等 4 个自由贸易试验区内资租赁企业从事融资租赁业务有关问题的通知》（商流通函〔2016〕90 号）。文件提出，从 2016 年 4 月 1 日起，商务部、国家税务总局将注册在自由贸易试验区内的内资融资租赁企业从事融资租赁业务试点确认工作委托给各自由贸易试验区所在的省、直辖市、计划单列市级商务主管部门和国家税务局。自审批权下放以来，自由贸易试验区内共有 15 家内资融资租赁企业获得试点资格。其中，天津自由贸易试验区有 12 家，广东自由贸易试验区有 2 家，上海自由贸易试验区有 1 家。截至 2016 年底，全国内资试点融资租赁企业达到 205 家（不含被取消试点资格的中国铁路工程机械租赁中心和企业性质变更为中外合资的中建投租赁股份有限公司）。

与金融租赁企业和内资试点融资租赁企业相比，由于外资融资租赁企业施行备案制，所以外资融资租赁企业数量增长最快。进入 2016 年，上海外资融资租赁企业增长速度较之前有所放缓，广东、天津、陕西三个地区增长速度加快，仅在深圳注册的外资融资租赁企业就已经达到 1900 多家。截至 2016 年底，外资融资租赁企业数量已经达到 6872 家，较上年底增加了 2601 家，同比增长 60.9%。

2016 年全国融资租赁企业发展情况

企业类别	2016 年底企业数（家）	2015 年底企业数（家）	2016 年比 2015 年增加（家）	2016 年比 2015 年增长（%）
金融租赁	59	47	12	25.50
内资租赁	205	190	15	7.90
外资租赁	6872	4271	2601	60.90
总计	7136	4508	2628	58.30

资料来源：中国租赁联盟、天津滨海融资租赁研究院。

据中国租赁联盟和天津滨海融资租赁研究院测算，2016 年底，中国融资租赁企业总数是 2006 年底的 89.2 倍。

2006—2016 年中国融资租赁企业数量

年份	全国合计（家）	金融租赁（家）	内资租赁（家）	外资租赁（家）
2006	80	6	20	54
2007	109	11	25	73
2008	142	12	36	94
2009	170	12	44	114

年份	全国合计（家）	金融租赁（家）	内资租赁（家）	外资租赁（家）
2010	233	17	44	172
2011	369	20	66	283
2012	643	20	79	544
2013	1106	23	123	960
2014	2202	30	152	2020
2015	4508	47	190	4271
2016	7136	59	205	6872

资料来源：中国租赁联盟、天津滨海融资租赁研究院。

2006—2016 年全国融资租赁企业家数变化趋势图

资料来源：中国租赁联盟、天津滨海融资租赁研究院。

2006 年，中国融资租赁企业只有 80 家；截至 2016 年底，融资租赁企业总数达到 7136 家。大量融资租赁机构的涌现，反映了我国融资租赁行业被普遍看好。

企业的地区分布

2016 年，全国融资租赁企业地区分布不平衡状况虽有所改变，但总体来看，绝大部分企业分布在东南沿海一带。其中，上海、天津、广东、北京、福建、江苏、浙江、山东 8 个省市的企业总数占到了全国的 90%以上。

全国融资租赁企业地区分布（截至 2016 年 12 月 31 日）

地区	金融租赁（家）	内资租赁（家）	外资租赁（家）	总数（家）	占全国比重（%）
上海市	10	18	1939	1967	27.56
广东省	4	10	2343	2357	33.03
天津市	9	30	1154	1193	16.72
北京市	3	27	193	223	3.13
江苏省	5	15	211	231	3.24
浙江省	3	15	184	202	2.83
山东省	2	18	190	210	2.94
福建省	1	10	269	280	3.92
重庆市	2	4	54	60	0.84
辽宁省	1	7	95	103	1.44
安徽省	2	10	32	44	0.62
四川省	1	9	28	38	0.53
湖北省	2	7	21	30	0.42
河北省	2	5	12	19	0.27
云南省	1	1	15	17	0.24
河南省	2	2	17	21	0.29
陕西省	0	1	47	48	0.67
湖南省	0	0	13	13	0.18
江西省	1	3	10	14	0.20
新疆维吾尔自治区	1	5	8	14	0.20
广西壮族自治区	1	0	8	9	0.13
黑龙江省	1	1	5	7	0.10
贵州省	1	1	4	6	0.08

地区	金融租赁（家）	内资租赁（家）	外资租赁（家）	总数（家）	占全国比重（%）
西藏自治区	1	0	4	5	0.07
山西省	1	1	3	5	0.07
青海省	0	1	5	6	0.08
内蒙古自治区	0	1	2	3	0.04
海南省	0	1	2	3	0.04
宁夏回族自治区	0	1	2	3	0.04
吉林省	0	1	1	2	0.03
甘肃省	2	0	1	3	0.04
总计	59	205	6872	7136	100.00

资料来源：中国租赁联盟、天津滨海融资租赁研究院。

行业实力

注册资金，是衡量企业和行业实力的一个重要指标。据中国租赁联盟和天津滨海融资租赁研究院统计，截至 2016 年底，行业注册资金按照美元兑人民币 1:6.9 的平均汇率折合成人民币计算，约合 25569 亿元，比上年底的 15165 亿元增加 10404 亿元，同比增长 68.6%。其中，金融租赁为 1686 亿元，增加 328 亿元，同比增长 24.2%；内资租赁为 1420 亿元，增加 393 亿元，同比增长 38.3%；外资租赁增加最多，约为 22463 亿元，增加约 9683 亿元，同比增长 75.8%。

2016 年全国融资租赁企业注册资金

企业类别	2016 年底注册资金（亿元）	2015 年底注册资金（亿元）	2016 年比 2015 年增加（亿元）	2016 年比 2015 年增长（%）
金融租赁	1686	1358	328	24.20
内资租赁	1420	1027	393	38.30
外资租赁	22463	12780	9683	75.80
总计	25569	15165	10404	68.60

资料来源：中国租赁联盟、天津滨海融资租赁研究院。

注：外资租赁企业注册资金按美元兑人民币 1:6.9 的平均汇率折算为人民币。

据中国租赁联盟和天津滨海融资租赁研究院测算，2016 年底，中国融资租赁企业注册资金是 2006 年底的 44.8 倍。

2006—2016 年中国融资租赁企业注册资金

年份	全国合计（亿元）	金融租赁（亿元）	内资租赁（亿元）	外资租赁（亿元）
2006	571	184	150	237
2007	1003	510	184	309
2008	1187	534	278	375
2009	1309	534	346	429
2010	1618	707	346	565
2011	1955	776	444	735
2012	2576	776	483	1317
2013	3060	769	551	1740
2014	6611	972	839	4800
2015	15165	1358	1027	12780
2016	25569	1686	1420	22463

资料来源：中国租赁联盟、天津滨海融资租赁研究院。

2006—2016 年中国融资租赁企业注册资金变化趋势图

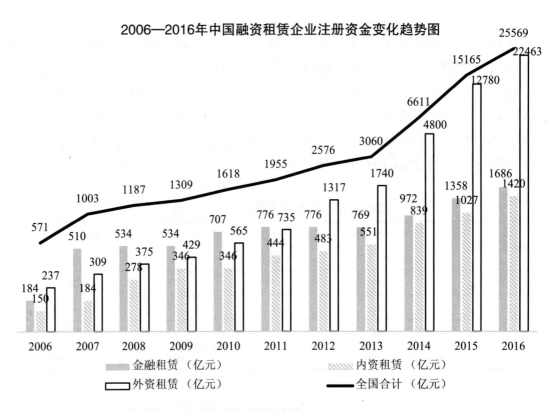

资料来源：中国租赁联盟、天津滨海融资租赁研究院。

全国融资租赁企业 50 强

2016 年，天津渤海租赁有限公司两次增资后达到 221.01 亿元人民币，成为全国唯一一个注册资本超过 200 亿元的融资租赁公司。在以注册资金为序的全国融资租赁企业 50 强排行榜中，天津渤海租赁有限公司取代远东国际租赁有限公司，位居榜首。

全国融资租赁企业 50 强排行榜（以注册资金为序）
（截至 2016 年 12 月 31 日）

排名	企业	注册时间	注册地	注册资金（亿元）
1	天津渤海租赁有限公司	2008	天津	221.01
2	中金国际融资租赁（天津）有限公司	2016	天津	147.62
3	国银金融租赁有限公司	1984	深圳	126.42
4	远东国际租赁有限公司	1991	上海	125.35
5	工银金融租赁有限公司	2007	天津	110.00
6	郎丰国际融资租赁（中国）有限公司	2016	珠海	103.50
7	平安国际融资租赁有限公司	2012	上海	93.00
8	建信金融租赁有限公司	2007	北京	80.00
9	山东晨鸣融资租赁有限公司	2014	济南	77.00
10	浦航租赁有限公司	2009	上海	76.60
11	中垠融资租赁有限公司	2014	上海	70.60
12	交银金融租赁有限责任公司	2007	上海	70.00
12	兴业金融租赁有限责任公司	2010	天津	70.00
13	上海金昊阳融资租赁有限公司	2015	上海	69.00
13	国信融资租赁（深圳）有限公司	2016	深圳	69.00
13	中源融资租赁（深圳）有限公司	2016	深圳	69.00
13	中安航天博宇融资租赁有限公司	2016	深圳	69.00
13	慧海国际融资租赁（中国）有限公司	2016	珠海	69.00
13	荣达国际融资租赁（中国）有限公司	2016	珠海	69.00
13	广业国际融资租赁（深圳）有限公司	2016	深圳	69.00
14	长江租赁有限公司	2004	天津	67.90
15	招银金融租赁有限公司	2007	上海	60.00
15	昆仑金融租赁有限责任公司	2010	重庆	60.00

排名	企业	注册时间	注册地	注册资金（亿元）
16	芯鑫融资租赁有限责任公司	2015	上海	56.80
17	民生金融租赁股份有限公司	2007	天津	50.95
18	中交建融租赁有限公司	2014	上海	50.00
18	华融金融租赁股份有限公司	2001	杭州	50.00
18	太平石化金融租赁有限责任公司	2014	上海	50.00
18	远东宏信（天津）融资租赁有限公司	2013	天津	50.00
18	齐利（厦门）融资租赁有限公司	2016	厦门	50.00
18	青岛晨鸣弄海融资租赁有限公司	2016	青岛	50.00
19	中航国际租赁有限公司	1993	上海	49.36
20	锦银金融租赁有限责任公司	2015	沈阳	49.00
21	皖江金融租赁股份有限公司	2011	芜湖	46.00
22	中民国际融资租赁股份有限公司	2015	天津	45.00
23	中电投融和融资租赁有限公司	2014	上海	43.47
24	中国环球租赁有限公司	1984	北京	42.70
25	深银世纪融资租赁（深圳）有限公司	2015	深圳	41.40
26	丰汇租赁有限公司	2009	北京	40.00
26	长城国兴金融租赁有限公司	2008	乌鲁木齐	40.00
26	中信金融租赁有限公司	2015	天津	40.00
27	上海易鑫融资租赁有限公司	2014	上海	38.64
28	光大金融租赁股份有限公司	2010	武汉	37.00
29	海通恒信国际租赁有限公司	2004	上海	36.09
30	国信租赁有限公司	2015	济南	36.00
31	中国外贸金融租赁有限公司	1986	北京	35.08
32	信达金融租赁有限公司	1996	兰州	35.05
33	檀实融资租赁（上海）有限公司	2014	上海	34.50
33	江苏绿能宝融资租赁有限公司	2014	苏州	34.50
33	华美（中国）融资租赁股份有限公司	2015	天津	34.50
33	晟华（上海）融资租赁有限公司	2015	上海	34.50
33	千佰亿融资租赁（深圳）有限公司	2016	深圳	34.50
33	华宇融资租赁（深圳）有限公司	2016	深圳	34.50
34	上海一嗨汽车租赁有限公司	2008	上海	32.29
35	平安国际融资租赁（天津）有限公司	2015	天津	32.00
36	北银金融租赁有限公司	2014	北京	31.00

排名	企业	注册时间	注册地	注册资金（亿元）
37	上海电气租赁有限公司	2006	上海	30.00
37	国泰租赁有限公司	2007	济南	30.00
37	河北省金融租赁有限公司	1995	石家庄	30.00
37	农银金融租赁有限公司	2010	上海	30.00
37	华夏金融租赁有限公司	2013	昆明	30.00
37	邦银金融租赁股份有限公司	2013	天津	30.00
37	湖北金融租赁股份有限公司	2015	武汉	30.00
37	西藏金融租赁有限公司	2015	拉萨	30.00
37	宏泰国际融资租赁（天津）有限公司	2013	天津	30.00
37	国电融资租赁有限公司	2014	天津	30.00
37	上海祥达融资租赁有限公司	2014	上海	30.00
37	中交融资租赁（广州）有限公司	2016	广州	30.00
38	浦银金融租赁股份有限公司	2011	上海	29.50
39	庞大乐业租赁有限公司	2009	唐山	29.17
40	广州越秀融资租赁有限公司	2012	广州	28.86
41	中飞租融资租赁有限公司	2010	天津	27.60
41	央融（天津）融资租赁有限公司	2015	天津	27.60
42	中海油国际融资租赁有限公司	2014	天津	27.00
42	华能天成融资租赁有限公司	2014	天津	27.00
43	中建投租赁股份有限公司	1989	北京	26.68
44	利星行融资租赁（中国）有限公司	2008	苏州	25.53
45	渝农商金融租赁有限责任公司	2014	重庆	25.00
46	中国康富国际租赁股份有限公司	1988	北京	24.98
47	辽宁恒亿融资租赁有限公司	2014	本溪	24.15
48	中铁建金融租赁有限公司	2016	天津	24.00
49	扬子江国际租赁有限公司	1992	上海	23.61
50	江苏金融租赁股份有限公司	1985	南京	23.47

资料来源：中国租赁联盟、天津滨海融资租赁研究院。

注：外资租赁企业注册资金按美元兑人民币1:6.9的平均汇率折算为人民币。

业务总量

据中国租赁联盟和天津滨海融资租赁研究院测算，截至 2016 年 12 月底，全国融资租赁合同余额约 53300 亿元，比 2015 年底的 44400 亿元增加 8900 亿元，同比增长 20%。其中，金融租赁企业合同余额约 20400 亿元，增加 3100 亿元，同比增长 17.9%；内资租赁企业合同余额约 16200 亿元，增加 3200 亿元，同比增长 24.6%；外资租赁企业合同余额约 16700 亿元，增加 2600 亿元，同比增长 18.4%。

2016 年全国融资租赁业务发展情况

企业类别	2016 年底业务总量（亿元）	2015 年底业务总量（亿元）	2016 年比2015 年增加（亿元）	2016 年比2015 年增长（%）	业务占比（%）
金融租赁	20400	17300	3100	17.90	38.30
内资租赁	16200	13000	3200	24.60	30.40
外资租赁	16700	14100	2600	18.40	31.30
总计	53300	44400	8900	20.00	100.00

资料来源：中国租赁联盟、天津滨海融资租赁研究院。

据中国租赁联盟和天津滨海融资租赁研究院统计，在 2006—2010 年的"十一五"期间，中国融资租赁业一直呈几何级增长。2010 年之后，由于基数增大，融资租赁业进入算数级增长时期，依然保持每年约 50%的增长速度。总体测算，中国融资租赁业的业务总量由 2006 年约 80 亿元增至 2016 年底约 53300 亿元，11 年增长了 666 倍。

2006—2016 年中国融资租赁业务总量

年份	全国业务总量（亿元）	金融租赁（亿元）	内资租赁（亿元）	外资租赁（亿元）
2006	80	10	60	10
2007	240	90	100	50
2008	1550	420	630	500
2009	3700	1700	1300	700
2010	7000	3500	2200	1300
2011	9300	3900	3200	2200

续表

年份	全国业务总量（亿元）	金融租赁（亿元）	内资租赁（亿元）	外资租赁（亿元）
2012	15500	6600	5400	3500
2013	21000	8600	6900	5500
2014	32000	13000	10000	9000
2015	44400	17300	13000	14100
2016	53300	20400	16200	16700

资料来源：中国租赁联盟、天津滨海融资租赁研究院。

2006—2016年中国融资租赁业务总量趋势图

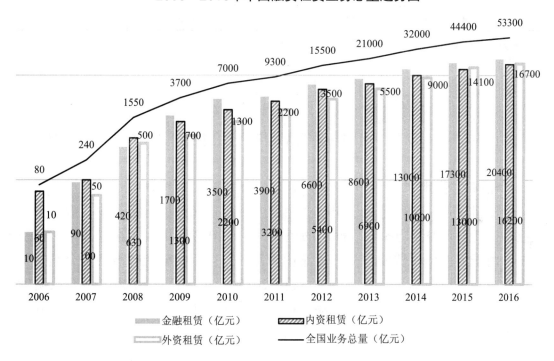

资料来源：中国租赁联盟、天津滨海融资租赁研究院。

行业占比

根据以上统计和测算，截至 2016 年 12 月底，金融租赁、内资租赁和外资租赁三个企业板块的行业占比是：

企业数量，外资租赁企业数量最多，占到整个行业企业总数的 96.3%；金融租赁和内资租赁企业数量分别占 0.8% 和 2.9%。

注册资金，也是外资租赁企业最多，占到整个行业注册资金总数的 87.9%；金融租赁和内资租赁企业分别占 6.6%和 5.5%。

业务总量，金融租赁企业业务量最大，占到全行业业务总量的 38.3%；内资租赁和外资租赁企业分别占 30.4%和 31.3%。

2016 年金融租赁、内资租赁、外资租赁发展占比

企业类别	2016 年企业数量（家）	企业数量占比（%）	2016 年注册资金（亿元）	注册资金占比（%）	2016 年业务总量（亿元）	业务总量占比（%）
金融租赁	59	0.80	1686	6.60	20400	38.30
内资租赁	205	2.90	1420	5.50	16200	30.40
外资租赁	6872	96.30	22463	87.90	16700	31.30
总计	7136	100.00	25569	100.00	53300	100.00

资料来源：中国租赁联盟、天津滨海融资租赁研究院。

面临问题

2016 年，行业发展中面临一系列亟须解决的问题，其中最为突出的是：

行业属性不明

融资租赁业，特别是融资租赁业中的内资租赁和外资租赁企业是否属于金融行业，一直没有得到国家管理部门的正式确认。2013 年下半年在营改增的税制改革中，由于将融资租赁业与交通运输业相并列，售后回租业务被规定全额纳税，使行业在复兴后面临第一次政策性危机。2015 年下半年，国务院常务会议明确提出要加快融资租赁业的发展，但却以融资租赁和金融租赁两个文件的形式分别下发指导意见，使得行业属性问题再次凸显，行业政策性危机再次显现。

分头监管问题突出

由于中国融资租赁企业由商务部和银监会两个部门分别审批和监管，致使在行业属性表述、市场准入条件、行业监管规则、业务控制标准等方面存在许多差别，使得同一行业的不同企业由于监管部门不同，享受着不同等的国民待遇，影响了整个行业的健康协调发展。

企业流动风险加大

2016 年，全国融资租赁企业数量较 2015 年底增加 2000 多家，许多新组建的融资租赁公司受到了资金来源的制约。许多老的租赁公司，其业务规模也受到资本充足率的制约，一些大型租赁公司的业务规模已接近或超越监管上限，不能保持一定比例的储备资金来应对不时之需。一些大中型内资和外资企业至今不能进入人民银行同业拆借市场，在经营环境发生突变、资金链有断裂危险时会告贷无门。综上可见，企业整体的流动性风险进一步加大。

企业空置率过高

在2014年下半年和2015年初，个别地区传出不再审批外资租赁企业的谣言，一些人趁机抢注了数百家租赁企业准备卖壳，加上大批新组建的租赁企业缺乏资金、项目和人才，以及对行业政策和运作方式不甚了解，开业一年后仍没有做任何业务，整个行业形成很高的空置率。据中国租赁联盟和天津滨海融资租赁研究院测算，2016年全国融资租赁企业的空置率约为65%，有些地区超过90%。

人才紧缺

据中国租赁联盟和天津滨海融资租赁研究院测算，全国的7000多家融资租赁企业，人才缺口至少在10000人以上，其中，中高级管理人员缺口约为3000人。预计2017年，中国融资租赁业务总量将超过美国成为世界第一租赁大国，但懂得跨境租赁业务、能进入国际租赁市场进行竞争的人才少之又少。

许多企业风险意识薄弱

中国融资租赁业一直在高速发展，许多企业，特别是新组建的企业并没有建立起有效的风险防范机制。一些企业在业务发展中，不良资产率、资产负债率等风险防范指标远远超过警戒线上线。在所开展的业务中，售后回租所占比重过大，而这一业务由于金额大、租期长，承租人和出租人所承担的风险都相对较大。

中国融资租赁业自2006年复兴后已经历了11年，按照金融业运行的一般规律，其潜在风险将会陆续暴露出来，整个行业将面临一次历史性考验。

租赁行业受到一些部门和地区的不公正对待

2016年初，"易租宝"事件发生，该事件本与融资租赁业无关，但一些管理部门和地区在没有调查研究的情况下，硬把两者相提并论；融资租赁企业与银行和证券机构合作引进外资，本属共同发展的正常业务，但在个别政策风险和合同风险出现后，多家银行为了自保，下文停止了与融资租赁企业的合作；上市筹资是租赁企业一个重要的资金来源渠道，新三板却暂停了对内资、外资租赁企业的挂牌审核，在有的地区，甚至停止了外资租赁企业的注册。

金融租赁

2016 年，银监会先后批准河南九鼎金融租赁股份有限公司、山东通达金融租赁有限公司、广融达金融租赁有限公司、中铁建金融租赁有限公司、佛山海晟金融租赁股份有限公司、贵阳贵银金融租赁有限责任公司、福建海西金融租赁有限责任公司、浙江稠州金融租赁有限公司、徐州恒鑫金融租赁股份有限公司、天银金融租赁有限公司、四川天府金融租赁股份有限公司、甘肃兰银金融租赁股份有限公司等 12 家金融租赁公司开业。截至 2016 年底，由中国银监会审批和监管的境内金融租赁企业达到 59 家（不含已经获批但未正式开业的公司，不含分公司、SPV 子公司），企业总数占全国融资租赁企业总数 7136 家的 0.83%。

59 家金融租赁企业注册资金为 1686 亿元，比上年底的 1358 亿元增加 328 亿元，增幅为 24.2%，注册资金约占全国 25569 亿元的 6.6%。

截至 2016 年底，59 家金融租赁企业融资租赁合同余额约 20400 亿元，比上年底的 17300 亿元增加 3100 亿元，增幅为 17.9%。金融租赁企业业务总量约占全国业务总量 53300 亿元的 38.3%。

2016 年金融租赁发展概况

项目类别	2016 年底	2015 年底	比上年底增加	比上年底增长（%）	占全国比重（%）
企业数（家）	59	47	12	25.50	0.83
注册资金（亿元）	1686	1358	328	24.20	6.60
合同余额（亿元）	20400	17300	3100	17.90	38.30

资料来源：中国租赁联盟、天津滨海融资租赁研究院。

另据中国银监会统计，截至 2016 年第三季度末，中国银监会监管的金融租赁企业各项业务平稳增长，52 家已开业企业实收资本达到 1545.97 亿元，总资产达到 1.94 万亿元；实现营业收入 938.66 亿元，实现净利润 182.26 亿元；不良租赁资产率继续保持较低水平，仅为 0.93%；租赁资产质量稳定，拨备覆盖率 251.23%。

据中国租赁联盟和天津滨海融资租赁研究院统计，截至 2016 年底，在以注册资金为序的金融租赁企业 10 强排行榜中，共有 14 家企业上榜，分布在全国 8 个省、直辖市、自治区，其中天津 4 家，上海 3 家，北京、广东、浙江、重庆、安徽、辽宁、新疆各 1 家。国银金融租赁股份有限公司以 126.42 亿元的注册资金位居榜首。

全国金融租赁企业 10 强排行榜（以注册资金为序）
（截至 2016 年 12 月 31 日）

排名	企业名称	注册时间	注册地	注册资金（亿元）
1	国银金融租赁股份有限公司	1984	深圳	126.42
2	工银金融租赁有限公司	2007	天津	110.00
3	建信金融租赁有限公司	2007	北京	80.00
4	交银金融租赁有限责任公司	2007	上海	70.00
4	兴业金融租赁有限责任公司	2010	天津	70.00
5	招银金融租赁有限公司	2007	上海	60.00
5	昆仑金融租赁有限责任公司	2010	重庆	60.00
6	民生金融租赁股份有限公司	2007	天津	50.95
7	华融金融租赁股份有限公司	2001	杭州	50.00
7	太平石化金融租赁有限责任公司	2014	上海	50.00
8	锦银金融租赁有限责任公司	2015	沈阳	49.00
9	皖江金融租赁股份有限公司	2011	芜湖	46.00
10	长城国兴金融租赁有限公司	2008	乌鲁木齐	40.00
10	中信金融租赁有限公司	2015	天津	40.00

资料来源：中国租赁联盟、天津滨海融资租赁研究院。

注：

1. 名录上的企业系指截至 2016 年底登记在册并处运营中的企业；

2. 注册时间指企业获得批准设立或正式开业的时间；

3. 注册地指企业本部注册地址。

　　全国金融租赁企业最多的是上海，共 10 家；其次是天津、江苏、广东、北京、浙江，都在 3 家或 3 家以上。

2016年金融租赁企业地区分布

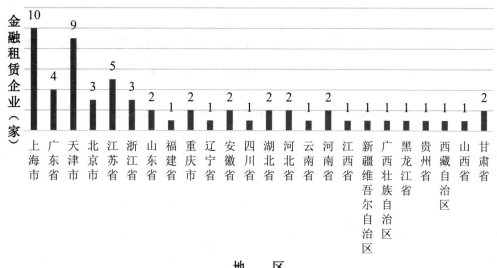

资料来源：中国租赁联盟、天津滨海融资租赁研究院。

内资租赁

2016年4月，内资租赁企业业务试点的审批权开始下放到自贸区所在省市商务主管部门和国税部门。截至2016年12月底，天津新审批确认12家内资租赁试点企业，广东新审批确认2家内资租赁试点企业，上海新审批确认1家内资租赁试点企业。截至2016年底，全国内资租赁试点企业达到205家，比上年底增加了15家，企业总数约占全国的2.9%。

从注册资金来看，截至2016年底，内资租赁企业注册资金达到1420亿元，比上年底的1027亿元增加了393亿元，同比增长38.3%，占全国注册资金总数的5.6%。

2016年底内资租赁发展概况

项目类别	2016年底	2015年底	比上年底增加	比上年底增长（%）	占全国比重（%）
企业数（家）	205	190	15	7.90	2.90
注册资金（亿元）	1420	1027	393	38.30	5.60
合同余额（亿元）	16200	13000	3200	24.60	30.40

资料来源：中国租赁联盟、天津滨海融资租赁研究院。

截至 2016 年底，内资租赁企业合同余额约为 16200 亿元，比上年底的 13000 亿元增加 3200 亿元，同比增长 24.6%，业务总量约占全国融资租赁企业业务总量的 30.4%。

截至 2016 年底，在以注册资金为序的内资租赁企业 10 强排行榜中，11 家企业榜上有名，天津渤海租赁有限公司以 221.01 亿元的注册资金位居榜首。

2016 年内资租赁企业 10 强排行榜（以注册资金为序）
（截至 2016 年 12 月 31 日）

排名	企业	注册时间	注册地	注册资金（亿元）
1	天津渤海租赁有限公司	2008	天津	221.01
2	浦航租赁有限公司	2009	上海	76.60
3	长江租赁有限公司	2004	天津	67.90
4	中航国际租赁有限公司	1993	上海	49.36
5	丰汇租赁有限公司	2009	北京	40.00
6	国信租赁有限公司	2015	济南	36.00
7	上海电气租赁有限公司	2006	上海	30.00
7	国泰租赁有限公司	2007	济南	30.00
8	庞大乐业租赁有限公司	2009	唐山	29.17
9	中车投资租赁有限公司	2008	北京	23.00
10	汇通信诚租赁有限公司	2012	乌鲁木齐	21.60

资料来源：中国租赁联盟、天津滨海融资租赁研究院。

注：

1. 名录上的企业系指截至 2016 年底登记在册并处运营中的企业；

2. 注册时间指企业获得批准设立或正式开业的时间；

3. 注册地指企业本部注册地址。

内资租赁企业最多的是天津，共 30 家；其次是北京 27 家；其余是山东、上海、浙江、江苏、福建、安徽、广东，都在 10 家或 10 家以上。

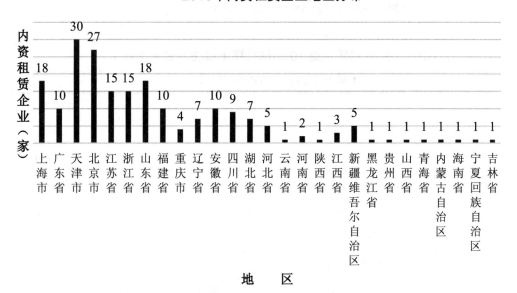

2016年内资租赁企业地区分布

资料来源：中国租赁联盟、天津滨海融资租赁研究院。

外资租赁

2016年，由于政策环境进一步宽松，外资租赁企业注册实行备案制，企业数量进一步增加。截至2016年底，全国外资租赁企业6872家，较上年底增加2601家，同比增长60.9%，占全国融资租赁企业总数的96.3%。

从注册资金来看，截至2016年底，外资租赁企业注册资金约为22463亿元，较上年底增加9683亿元，同比增长75.8%，约占全国总数的87.9%。

截至2016年底，外资租赁企业融资租赁合同余额约为16700亿元，比上年底的14100亿元增加2600亿元，增幅为18.4%，约占全国融资租赁企业业务总量53300亿元的31.3%。

2016 年外资租赁发展概况

项目类别	2016 年底	2015 年底	比上年底增加	比上年底增长（%）	占全国比重（%）
企业数（家）	6872	4271	2601	60.90	96.30
注册资金（亿元）	22463	12780	9683	75.80	87.90
合同余额（亿元）	16700	14100	2600	18.40	31.30

资料来源：中国租赁联盟、天津滨海融资租赁研究院。

在以注册资金为序的外资租赁企业 10 强排行榜中，中金国际融资租赁（天津）有限公司以 200000 万欧元折合 226480 万美元位居第一位。

2016 年外资租赁企业 10 强排行榜（以注册资金为序）
（截至 2016 年 12 月 31 日）

排名	企业	注册时间	注册地	注册资金（万美元）
1	中金国际融资租赁（天津）有限公司	2016	天津	226480
2	远东国际租赁有限公司	1991	上海	181671
3	郎丰国际融资租赁（中国）有限公司	2016	珠海	150000
4	平安国际融资租赁有限公司	2012	上海	134783
5	山东晨鸣融资租赁有限公司	2014	济南	111594
6	中垠融资租赁有限公司	2014	上海	102319
7	上海金昊阳融资租赁有限公司	2015	上海	100000
7	国信融资租赁（深圳）有限公司	2016	深圳	100000
7	中源融资租赁（深圳）有限公司	2016	深圳	100000
7	中安航天博宇融资租赁有限公司	2016	深圳	100000
7	慧海国际融资租赁（中国）有限公司	2016	珠海	100000
7	荣达国际融资租赁（中国）有限公司	2016	珠海	100000
7	广业国际融资租赁（深圳）有限公司	2016	深圳	100000
8	芯鑫融资租赁有限责任公司	2015	上海	82319
9	中交建融租赁有限公司	2014	上海	72464
9	远东宏信（天津）融资租赁有限公司	2013	天津	72464
9	齐利（厦门）融资租赁有限公司	2016	厦门	72464
9	青岛晨鸣弄海融资租赁有限公司	2016	青岛	72464
10	中民国际融资租赁股份有限公司	2015	天津	65217

资料来源：中国租赁联盟、天津滨海融资租赁研究院。

注：

1. 外资租赁企业注册资金按美元兑人民币 1:6.9 的平均汇率折算为美元；

2. 名录上的企业系指截至 2016 年底登记在册并处运营中的企业；

3. 注册时间指企业获得批准设立或正式开业的时间；

4. 注册地指企业本部注册地址。

新增的 2601 家企业大多数分布在上海、广东、天津、北京、江苏、浙江等地，其中广东最多，总数达到 2343 家。

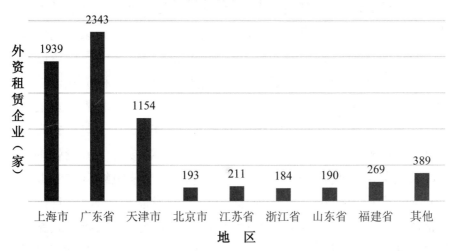

2016年外资租赁企业地区分布

资料来源：中国租赁联盟、天津滨海融资租赁研究院。

资产证券化

2016 年，我国资产证券化市场快速扩容，呈现稳健运行、创新不断的发展态势。证券化的基础资产类型日益丰富，市场存量规模突破万亿元，流动性明显提升，不良资产证券化、个人住房抵押贷款证券化、绿色资产证券化、境外发行资产支持证券等领域实现重要突破。在整个行业，资产证券化在拓展资金来源、盘活存量资产、提高资金配置效率、服务实体经济方面发挥着越来越重要的作用。

据统计，2016 年全年，各类机构共发行 488 只资产证券化产品，总发行金额 8827.97 亿元，同比增长 44.32%；市场存量为 11084.66 亿元，同比增长 54.83%。

2016 年，作为直接融资的代表产品，租赁 ABS（Asset-Backed Securitization，资产支持证券）在 2016 年取得了长足的发展。据统计，全年共计有 70 家租赁企业（4 家金融租赁企业、11 家内资租赁企业和 55 家外资租赁企业）累计发行租赁 ABS 规模达 1239.66 亿元，占 2016 年各类资产证券化产品发行规模的 14%。

行业组织

2016 年，是融资租赁行业组织蓬勃发展的一年。在一年的时间里，又有多家地方行业组织诞生。以下列出部分行业组织情况。

中国租赁联盟

2006 年由全国 42 家租赁行业组织和企业发起，通过天津市政府向商务部和民政部报送了关于组建中国租赁协会的申请。在此期间，大家共同商议先组建一个跨地区、跨行业、跨所有制的非营利的联谊性组织——中国租赁联盟。该组织委托天津市租赁行业协会负责中国租赁协会的筹备和中国租赁联盟的日常工作等事宜，并设立"中国租赁联盟网"（www.zgzllm.com）作为联盟会员的交流平台。

中国租赁联盟围绕租赁业在中国的发展实际，连续 10 年向有关政府主管部门和行业组织提供行业发展信息，为产业集聚和企业对接提供政策咨询，在高校科研院所和政府相关部门联合组织产业重大课题研究，并组织有关专业人员陆续编辑出版《中国融资租赁业年鉴》《中国融资租赁业发展报告》，整理国家和各地区促进租赁业发展的相关政策文献，编撰行业发展各类业务创新模式案例。为解决行业内人才短缺的实际问题，自 2013 年开始，中国租赁联盟与南开大学、天津财经大学、天津商业大学合作，陆续培养出融资租赁方向本科生、硕士研究生近600 名。

中国租赁联盟每年度召开"中国租赁年会""中国融资租赁业发展论坛"和"中国金融租赁论坛"并将其发展为行业内品牌会展，在社会上产生了较好的广泛的影响。

地址：天津市和平区滨江道 30 号和平金融创新服务大厦 3 楼

邮编：300040

电话：022-27224166

传真：022-27317755

邮箱：chinaleasing@126.com

中国外商投资企业协会租赁业工作委员会

1988 年，在主管部门和中国外商投资企业协会的支持下，外商投资的融资租赁企业成立了联谊会；1993 年，联谊会转为协会的第一个专业委员会——租赁业委员会；2009 年，根据民政部的要求，租赁业委员会正式更名为"中国外商投资企业协会租赁业工作委员会"。

作为国内第一个融资租赁行业组织，中国外商投资企业协会租赁业工作委员会集中了国内最主要的融资租赁业务的专业人才，与政府相关部门建立了最为密切的关系，在推动中国融资租赁业对内、对外进一步开放以及在开展融资租赁业务理论研究、国际同行交流、业务推广宣传、租赁市场拓展、专业人员培训、行业组织建设等方面做了大量卓有成效的工作，为中国融资租赁业的健康发展做出了突出贡献，得到了会员、政府主管部门和业界的肯定与好评，有力地推动了中国融资租赁业的发展，支持了国家的经济建设。外商投资融资租赁公司不仅是中国融资租赁业的开拓者，而且目前仍然是中国融资租赁业发展的主力军。

地址：北京市东城区安定门外东后巷 28 号 3 号楼 2 层东 208 室

邮编：100710

电话：010-64516922

中国银行业协会金融租赁专业委员会

中国银行业协会金融租赁专业委员会成立于 2009 年 7 月 6 日，经中国银监会批准并在民政部门登记注册，是为加强同业合作、鼓励有序竞争，并维护金融租赁交易秩序的专业、权威的全国性金融租赁组织。中国银行业协会金融租赁专业委员会为经营金融租赁业务的企业服务。银监会批准设立的金融租赁公司及其他与金融租赁相关的企事业单位在加入中国银行业协会后，可申请成为该专业委员会成员。

中国银行业协会金融租赁专业委员会的宗旨是：推广金融租赁理念，规范和促进金融租赁发展，分散和防范风险，推动金融租赁市场的健康稳定发展。中国银行业协会金融租赁专业委员会将积极充当金融租赁市场参加者和政府监管部门的联系纽带，促进金融租赁行业与国际租赁组织开展交流与合作。

地址：北京市西城区金融街 20 号航宇大厦 11—12 层

邮编：100033

电话：010-66553368　010-66291132

浙江省租赁行业协会

浙江省租赁行业协会成立于 1995 年 3 月，是国内首家建立的省级集融资性和经营性租赁企业为一体的行业协会。浙江省租赁行业协会团体会员主要有华融金融租赁股份有限公司、长行汽车租赁有限公司等。协会的宗旨是：维护会员合法权益，加强会员业务交流，开展业务知识培训与政策法规咨询等。主要工作内容有：对全省租赁业进行行业监管；协助解决会员之间和行业之间的有关问题；研究租赁行业发展方向、目标、政策等有关理论与实际问题；参加、组织、开展国内外租赁业务的交流活动等。

地址：浙江省杭州市中河中路 258 号瑞丰国际大厦 25E

邮编：310006

电话：0571-87298907

北京市租赁行业协会

北京市租赁行业协会于 2002 年 10 月 2 日成立。协会的宗旨是：为北京市行政区域内各类型的租赁企业、融资租赁企业提供各种有关的服务。其业务范围为：开展行业调研与协调、组织交流合作、提供信息咨询服务、组织专业培训、维护合法权益，以及对北京区域内的内资融资租赁企业和外商投资融资租赁企业报送材料的收集、核对和汇总工作等。其主要企业有：中联重科融资租赁有限公司、中国南车投资租赁有限公司、中国北车投资租赁有限公司等。

地址：北京市西城区莲花池东路丙一号 309 室

邮编：100045

电话：010-63463231

上海市租赁行业协会

上海市租赁行业协会成立于 1999 年 4 月，政府业务主管单位是上海市商务委员会与上海市经济和信息化委员会。协会的宗旨是：为会员提供服务并维护其合法权益，保障行业公平竞争，促进上海市租赁行业的健康发展。目前有会员单位 125 家，主要包括：浦航租赁有限公司、中航国际租赁有限公司等。曾独立主办"中国（上海）国际设备展示和租赁洽谈会暨租赁营销研讨会""首届中国租赁行业信息化工作研讨会"等中外高峰论坛并取得较大成绩。

地址：上海市浦东大道 1089 号（中信五牛城）B 座 12 楼 E、F 室

邮编：200135

电话：021-58766238

天津市租赁行业协会

天津市租赁行业协会成立于 2005 年 9 月。协会的宗旨是：遵守国家宪法、法律、法规和国家政策，协助政府有关主管部门进行本行业的管理、监督、自律和协调，规范会员的经营活动并维护其合法权益，协调行业之间的各项关系，促进租赁业的健康发展。会员单位主要包括内资、外资及金融三大类融资租赁企业及律师事务所等相关行业代表。业务涉及飞机、船舶、机械装备、汽车、房屋、医疗设备等各类融资租赁以及经营租赁和服务租赁。

地址：天津市和平区滨江道 30 号和平金融创新服务大厦 3 楼

邮编：300040

电话：022-27224166

云南省租赁行业协会

云南省租赁行业协会成立于 2004 年 11 月 22 日,云南省经济委员会是其上级业务主管部门。协会的宗旨是:遵守国家宪法、法律、法规,发挥租赁企业和政府间的桥梁与纽带作用,反映和研究租赁行业经营中的新情况与新问题,为会员和政府服务,为本省租赁行业的健康发展做出贡献。业务范围:搜集和整理本行业基础资料,维护本行业中所有企业的合法权益和根本利益,协调本行业企业之间的合作关系,调解会员间的经济纠纷等。

地址:云南省昆明市五华区人民中路 216 号丰园大厦 20 层

邮编:650031

电话:0871-65321062

福建省租赁行业协会

福建省租赁行业协会于 2014 年 7 月 16 日登记成立,目前有团体会员 66 家。福建省租赁行业协会自成立始,一直致力于加强协会与有关政府部门、金融机构的沟通联系;邀请有关银行、商业保理公司等机构到协会座谈融资租赁资金融入问题;支持协助会员开展融资租赁业务;走访会员单位,开展调查研究等。福建省租赁行业协会为推动福建省经济的健康快速发展贡献了力量。

地址:福建省福州市鼓楼区华大街道公益路 3 号

邮编:350003

电话:0591-87830557

广东省融资租赁协会

广东省融资租赁协会于 2015 年 9 月 25 日成立,是由广州地区各类租赁企业包括各种经济成分的融资性租赁企业、经营性租赁企业、合资租赁企业,以及相关团体或个人自愿组成的非营利性的社会团体。协会的宗旨是:发挥租赁企业和政府有关部门之间的桥梁与纽带作用,反映和研究租赁业经营管理中的新情况与新问题,维护会员的合法权益,加强本省租赁企业的自律管理,促进租赁业的健康发展。

地址:广东省广州市高新技术工业园建中路 58 号 402 室

邮编:510665

电话:020-38836085　020-38820703

湖北省融资租赁行业协会

湖北省融资租赁行业协会成立于 2015 年 1 月 22 日,武汉中泰和融资租赁有限公司等 9 家企业获选理事单位。协会的宗旨是：协助政府、帮助企业，搭建政企沟通互信桥梁与项目、资金对接平台；在"公平、公正、公开"的原则下开展工作，保障行业公平竞争；引进先进的经营、管理理念及人才培养机制，促进湖北省融资租赁行业的健康快速发展。作为一种新兴金融业态，湖北省融资租赁行业还处于起步阶段，协会成立后，将致力于促进全省融资租赁行业的发展。

地址：湖北省武汉市武昌区八一路 483 号

邮编：430070

电话：027-87680190　027-87314050

江苏省租赁行业协会

江苏省租赁行业协会成立于 2014 年 9 月 19 日。协会的宗旨是：提高江苏省融资租赁行业的整体管理水平，规范经营；建立江苏的专业人才库；加强企业自律，协助主管部门做好融资租赁信息登记、年报分析、统计、风控警示等行业监管工作；为融资租赁企业提供必要的法律援助与服务等。

地址：江苏省南京市鼓楼区汉中门大街 301 号 10 层

邮编：210036

电话：025-66770100

山东省融资租赁行业协会

山东省融资租赁行业协会成立于 2014 年 12 月。协会的宗旨是：以"推动融资租赁业发展，促进融资租赁产业链内横向合作，服务地方经济建设"为己任，认真研究行业发展新形势，积极组织学习培训和交流研讨，扎实开展好协会各项工作，努力将协会办成政府管理决策、行业企业发展、实体经济融资的参谋和助手。

地址：山东省济南市高新区舜华东路 212 号国泰租赁 2 楼

邮编：250101

电话：0531-58563665

青岛融资租赁行业协会

青岛融资租赁行业协会成立于 2015 年 1 月 29 日。协会的宗旨是：为行业的发展搭建一个重要公共平台，在业务创新、信息交流、人才培训、行业自律、防范风险以及扩大融资租赁的宣传推介、提高全社会知晓度等方面发挥重要作用，并在租赁业务、租赁方式和融资渠道创新等方面加强研究，顺应国际贸易中心城市、财富管理中心、金融新区建设和自贸区发展的新形势，依托特殊功能区政策和船舶制造基地的优势，组织全青岛市融资租赁企业扩大船舶、海工设备、游艇、邮轮、医疗设备等大型装备的融资租赁业务，积极参与西海岸经济新区、蓝色硅谷核心区、红岛经济新区等重点区域的重点项目，推进融资租赁业务向基础设施、交通设施等领域拓展延伸。

地址：山东省青岛市市北区郑州路 43 号

邮编：266024

电话：0532-85660803

安徽省租赁行业协会

安徽省租赁行业协会成立于 2015 年 1 月 10 日。安徽省租赁行业协会是由安徽省融资租赁企业和与此相关的事业、企业单位等自愿组成的非营利性、地方性社会团体组织，具有社会团体的法人资格。业务主管单位为安徽省商务厅。该协会以"汇智聚谋、融通兴业"为宗旨，以"推动融资租赁业发展，促进融资租赁产业链内横向合作，破解中小企业融资瓶颈，服务地方经济建设"为己任，注重"政、产、学、研"各界的沟通协调，坚持引导、宣传和服务原则，要真正把协会办成行业政府管理决策、行业企业发展、实体经济融资的参谋和助手。

地址：安徽省合肥市政务区祁门路 1688 号兴泰金融广场 18 层

邮编：230071

电话：0551-63542827

广州融资租赁产业联盟

广州融资租赁产业联盟成立于 2013 年 12 月 25 日。联盟成立后，通过采用企业联盟模式，跨领域、跨行业、全方位构建政府与企业、企业与企业之间的信息互动平台，积极宣传国家法律法规，推广政府优惠政策，并收集整理联盟成员单位需求，发布招投标项目、企业需求信息，促进项目对接与商务合作等，充分发挥企业联盟的桥梁和纽带作用，努力促进广州融资租赁企业不断做大做强。

地址：广东省广州市天河区珠江新城华利路 46 号

邮编：510623

电话：020-83323489

河南省租赁行业协会

河南省租赁行业协会是由河南省民政厅批准成立的非营利性、行业性的社会团体法人组织，在工作上接受河南省人民政府金融办、河南省商务厅、河南省工信委等相关政府部门的业务指导。协会以搭建政府和企业之间的桥梁为目标，贯彻落实国家关于融资租赁方面的政策法规，协调政府与企业之间、企业与企业之间、行业与企业之间的关系，调解企业间的经济纠纷，维护企业的合法权益，增强行业自律；组织开展国际、国内业务交流与合作；组织高校、科研机构的专家、学者对租赁领域进行科学研究，制定发展规划；提高租赁行业整体管理水平和经营水平，推动河南省租赁业健康、全面发展。

河南省租赁行业协会下设租赁研究院、法律、金融、租赁、保理、财税、教育等专业委员会，汽车、建筑、医疗等行业委员会及运行管理机构。与河南省人力资源部门联合开展"租赁经理人执业资格证"教育，与河南电视台联合开辟《河南新金融》电视专栏，与高校合作开展"在校""在职"专业人才培养项目。

地址：河南省郑州市金水区红专路东韩砦 1 号楼 1 号

邮编：450002

电话：0371-55030890

沈阳市融资租赁协会

沈阳市融资租赁协会为非营利性社会组织，接受沈阳市服务业委员会的业务指导，接受市财政局、国税局、外经贸局、金融办、工商局等部门的工作指导，对外以租赁协会的名义独立开展工作。协会由沈阳地区的内资和外资融资租赁公司、银行、非银行金融机构、行业协会、专业媒体、专家学者、服务机构，以及相关单位共同协商组建。协会以"引领思维、融资融物、融智融创、对接生意"为宗旨，持续为协会会员企业开展业务、分享信息、强强联合、合作共赢提供支持和帮助。协会将通过整合资源，努力成为开放性、引领性、服务性的交流合作平台，包括业务互动平台、产业对接平台、行业培训平台、信息发布平台、会议展览平台等。

地址：辽宁省沈阳市大东区滂江街 183 号

邮编：210104

电话：024-24346355

陕西省融资租赁联盟

陕西省融资租赁联盟成立于 2015 年 11 月 23 日。联盟成立当天，即与 18 家银行签署了战略合作协议，各银行计划在"十三五"期间为联盟企业提供综合授信额度 1045 亿元。该联盟作为一个跨地区、跨行业、跨所有制，由融资租赁企业、金融机构及相关企事业单位自愿联合组建的非营利性行业群众组织，将进一步为促进融资租赁业健康快速发展、服务实体经济做出贡献。

地址：陕西省西安市雁塔区电子二路锦业大厦 3 楼
邮编：710065
电话：13891430935
传真：029-62695109

教育培训

2016 年，在融资租赁行业迅速发展的过程中，为解决行业专业人才紧缺问题，北京、上海、天津、广东、福建、陕西等地行业组织或协会通过在高等院校开设融资租赁专业课、举办在职研究生进修班等方式，积极推进行业专业教育，收到积极效果。

南开大学金融学系在工银租赁支持下，自 2010 年起即招收全日制融资租赁方向的专业硕士研究生，首批硕士研究生在学期间就已签约各大租赁公司；对外经济贸易大学从 2011 年开始，持续举办在校和在职硕士研究生进修班，培养了 100 多名专业人才。2013 年，中国租赁联盟、天津市租赁行业协会组织了近 60 人的融资租赁校外导师团，会同南开大学、天津商业大学等高校，联合开展行业教育，两所高校共有 400 多名本科生学习融资租赁相关知识；2013 年至 2015 年，南开大学融资租赁硕士研究生进修班，两期共招收 73 名学员；天津商业大学组建了全国首家行业教育机构——天津商业大学租赁学院。

据统计，截至 2016 年底，天津和北京两地高校已经培养租赁专业本科生、硕士研究生和在职研究生进修班学员约 700 人。其中，有许多学员走上工作岗位后，已成为所在单位的业务骨干，受到普遍欢迎。

重要会展

2016 年，有关管理部门、行业组织、重点租赁企业组织了多次行业会展。这些会展对提高行业社会认知度、增加国内外信息交流、开阔从业人员视野、加强行业内外沟通与合作，都发挥了积极作用。

第十届中国企业国际融资洽谈会"融资租赁论坛"

2016 年 5 月 30 日，第十届中国企业国际融资洽谈会在天津开幕。融洽会以"新常态、新机遇、新动力、新举措""一带一路"与金融创新发展为主题，旨在促进金融、科技与产业之间的"融资、融智、融通、融合"。

融洽会专题论坛之一的"融资租赁论坛"在 5 月 30 日下午开幕。此次论坛由天津市金融工作局、天津市商务委员会、天津银监局主办，天津市租赁行业协会承办。论坛由天津市金融工作局副局长陈宇主持，天津市赵海山副市长出席并致辞。此次融资租赁论坛的主题是"融资租赁业差异化经营与创新发展"，邀请了中国银行业协会金融租赁专业委员会、中国外商投资企业协会租赁业工作委员会、相关行业管理部门、业界具较大影响力的融资租赁企业以及知名专家学者等 200余人参会。

2016 全球租赁业竞争力论坛——驾驭经济逆周期

2016 年 9 月 21—22 日，由新金融联盟、美国阿曼波&哈勒戴公司联合主办的"2016 全球租赁业竞争力论坛"在天津举办。这是该论坛连续第三年在天津举办。本届论坛以"驾驭经济逆周期"为主题，围绕在全球经济增速放缓背景下，中国租赁行业如何构建抵御策略、研究逆周期发展趋势、合理配置行业资源、推动人才培养等专题进行深入探讨。天津市政府阎庆民副市长出席论坛并致辞。天津市商务委主任张爱国、天津空港经济区管委会主任杨兵分别介绍了天津市和空港经济区租赁业发展情况以及出台的支持租赁业发展的政策。天津市政府副秘书长杜强、天津市金融局局长孔德昌等相关政府单位领导以及 200 多家国际、国内知名企业和 50 余位专家学者出席论坛。

天津市副市长阎庆民在论坛上表示，为推动融资租赁业的发展，天津还将加大扶持力度，搭建金融租赁、融资租赁的登记托管流转交易平台，为租赁业提供托管、登记、流转和价格发现的场所，进一步推动租赁业创新发展。

全球租赁业竞争力论坛秘书长刘洲伟表示，天津正日益成为中国租赁之都。全球租赁业竞争力论坛经过近三年的发展，已经成为中国最具影响力的租赁业论坛之一。论坛致力于中国租赁业的国际化与专业化，以此提升中国租赁业的竞争力。

2016 年中国融资租赁创新发展高峰论坛

2016 年 11 月 5—7 日，由深圳市人民政府主办，深圳市贸促委、深圳市金融办等承办的"第十届中国（深圳）国际金融博览会"在深圳会展中心 1 号馆举行。随着历届博览会的举办，金博会已成为国内最具规模和影响力的金融盛会，吸引了来自 20 个国家和地区的 10 余万人前来参会。作为金博会的分论坛之一，2016年中国融资租赁创新发展高峰论坛于 11 月 5 日在会展中心五楼水仙厅召开。此次论坛由中国融资租赁研究院指导，深圳金融博览会组委会主办，深圳前海矩阵融资租赁有限公司承办。

本次高峰论坛采取了主题演讲、圆桌讨论、尖峰对话、现场问答等形式，从多个角度探讨中国融资租赁业的发展与挑战，对国际租赁业的宏观趋势与未来进行探讨。热点话题主要是：绿色租赁助推旅游产业发展；新能源的开发和融资租赁的产业投资机会；医疗租赁资产运营与残值管理；经济下行压力下融资租赁行业的风险与机遇。

2016 中国租赁年会

2016 年 12 月 12—13 日，在天津市商务委、天津滨海新区政府、中国国际商会指导下，由中国租赁联盟主办、天津市租赁行业协会承办的"2016 中国租赁年会"在天津丽思卡尔顿酒店召开。本届年会主题为"租赁大国的责任与担当"。商务部、全国人大财经委、中国国际商会、天津市人民政府等有关部门领导出席年会并致辞。

本届年会共有四个分论坛，分别为"行业风险专家论坛""大会主题论坛""融资租赁聚集区论坛""租赁行业协会会长论坛"。东疆保税港区、广州南沙新区、西安国际港务区以及沈阳、胶州等融资租赁新兴聚集区代表，分别介绍了当地发展融资租赁的举措与经验。上海市租赁行业协会常务副会长俞开琪、广东省融资租赁协会高级顾问廖锐浩、河南省租赁行业协会会长郑奇、陕西省融资租赁联盟秘书长黄一钊、云南省租赁行业协会名誉会长陈敖、沈阳市融资租赁协会会长王英臣、安徽省租赁行业协会会长孙泉、广州融资租赁产业联盟副秘书长张艳琴、江苏省租赁行业协会会长黄磊、湖北省融资租赁行业协会会长田海、天津市租赁行业协会副秘书长孟士胜、福建省租赁行业协会代表唐川龙等 12 位行业组织负责人分别介绍了当地融资租赁业发展状况和经验举措。来自全国各地融资租赁企业、行业组织、融资租赁相关机构的 500 余人参加了本届年会。年会开幕前，天津市副市长赵海山会见了出席年会的国家部委办和相关地区的代表与专家。

主要著作

近年来，业内许多专家继续著书立说，将理论与实践相结合，探索中国融资租赁业的发展；一些专家还通过翻译方式，整理了大量国外资料。这些工作对推动中国租赁业的健康发展起到了积极作用。

《工程机械融资租赁实务和风险管理》

作者：沙泉　张巨光

出版单位：机械工业出版社

出版时间：2011 年 1 月

《融资租赁法律实务》

作者：秦国勇

出版单位：法律出版社

出版时间：2011 年 11 月

《融资租赁在美国：识别与借鉴》

作者：孙瑜

出版单位：浙江大学出版社

出版时间：2013 年 3 月

《融资租赁公司经营：策与术》

作者：李喆

出版单位：中国发展出版社

出版时间：2013 年 8 月

《最高人民法院关于融资租赁合同司法解释理解与适用》

作者：奚晓明

出版单位：人民法院出版社

出版时间：2014 年 3 月

《融资租赁合同纠纷》

作者：江必新

出版单位：法律出版社

出版时间：2014 年 8 月

《融资租赁项目风险分析：知与行》

作者：李喆

出版单位：中国发展出版社

出版时间：2014 年 9 月

《中国融资租赁行业理论和实践分析》

作者：简建辉

出版单位：经济管理出版社

出版时间：2015 年 1 月

《融资租赁实务精解与百案评析》
作者：郭丁铭　罗时贵
出版单位：中国法制出版社
出版时间：2015 年 4 月

《高速铁路、城际轨道和城市地铁融资租赁研究》
作者：周晓津
出版单位：经济科学出版社
出版时间：2015 年 5 月

《融资租赁与节能环保投融资》
作者：史燕平　刘若鸿　安祺
出版单位：科学出版社
出版时间：2015 年 6 月

《融资租赁在中国》（第四版）
作者：姜仲勤
出版单位：当代中国出版社
出版时间：2015 年 11 月

《金融租赁业务操作实务与图解》
作者：高卓　张媛媛
出版单位：法律出版社
出版时间：2015 年 11 月

《融资租赁计价方法》
作者：李文华　王树春
出版单位：电子工业出版社
出版时间：2015 年 12 月

《融资租赁风险控制》
作者：胡阳　孙宗丰
出版单位：电子工业出版社
出版时间：2016 年 1 月

《信托与融资租赁（第三版）》

作者：马丽娟

出版单位：首都经济贸易大学出版社

出版时间：2016 年 3 月

《融资租赁法律手册（2010—2015）》

作者：张稚萍

出版单位：当代中国出版社

出版时间：2016 年 4 月

《2015 年中国融资租赁业发展报告》

作者：杨海田

出版单位：南开大学出版社

出版时间：2016 年 5 月

《最高人民法院专家法官阐释疑难问题与案例指导：融资租赁合同卷》

作者：最高人民法院专家法官阐释疑难问题与案例指导编写组

出版单位：中国法制出版社

出版时间：2016 年 7 月

《融资租赁理论与实务》

作者：刘澜飚

出版单位：人民邮电出版社

出版时间：2016 年 8 月

《融资租赁税务与会计实务及案例》

作者：杨津琪 廉欢 童志胜

出版单位：中国市场出版社

出版时间：2016 年 11 月

《融资租赁纠纷案例选编》

作者：孙瑜 王国军

出版单位：北京大学出版社

出版时间：2016 年 11 月

政策法规

2016 年，是我国融资租赁法规发布最多的一年，无论是中央还是地方，都纷纷出台加速、扶持和规范融资租赁业发展的文件或规定，这些文件或规定使行业发展环境进一步优化。

中央及部委文件

国务院关于印发推进普惠金融发展规划（2016—2020 年）的通知

发布文号：国发〔2015〕74 号

发布时间：2015 年 12 月 31 日

施行时间：2016 年 1 月 1 日

内容提要：《国务院关于印发推进普惠金融发展规划（2016—2020 年）的通知》中提出，鼓励金融租赁公司和融资租赁公司更好地满足小微企业和涉农企业设备投入与技术改造的融资需求。

关于修订飞机经营性租赁审定完税价格的公告

发布文号：海关总署公告 2016 年第 8 号

发布时间：2016 年 1 月 29 日

施行时间：2016 年 1 月 29 日

内容提要：为进一步规范飞机经营性租赁完税价格审定工作、便利企业通关和海关管理，根据《中华人民共和国海关审定进出口货物完税价格办法》（海关总署令第 213 号，以下简称《审价办法》）及相关规定，现就有关事项公告如下：

一、租赁期间发生的由承租人承担的境外维修检修费用，按照《审价办法》第二十八条审价征税。

二、在飞机退租时，承租人因未符合飞机租赁贸易中约定的交还飞机条件而向出租人支付的补偿或赔偿费用，或为满足飞机交机条件而开展的维修检修所产生的维修检修费，无论发生在境内或境外，均按租金计入完税价格。

三、飞机租赁结束后未退还承租人的维修保证金，按租金计入完税价格。

四、对于出租人为纳税义务人，而由承租人依照合同约定，在合同规定的租金之外另行为出租人承担的预提所得税、营业税、增值税，属于间接支付的租金，应计入完税价格。

对于应计入完税价格的上述税款，应随下一次支付的租金一同向主管海关申报办理纳税手续；对于为支付最末一期租金而代缴的国内税收，承租人应在代缴税款后 30 日内向主管海关申报办理纳税手续。

五、在飞机租赁贸易中约定由承租方支付的与机身、零备件相关的保险，无论发生在境内或境外，均属于间接支付的租金，应计入完税价格；与飞机租赁期间保持正常营运相关的保险费用，不计入完税价格。

承租人应于支付保险费用后 30 日内向主管海关申报办理纳税手续。

六、本公告自发布之日起实施，海关总署 2010 年第 47 号公告和 2011 年第 55 号公告同时废止。

本公告实施前已完成的维修检修，若在飞机租赁合同中约定应由承租人承担的，无论发生在境内或境外，其费用均按租金计入完税价格。其中飞机大修在境内进行的，承租人所支付费用发票中单独列明的增值税等国内税收、境内生产的零部件和材料费用及已征税的进口零部件和材料费用不计入完税价格。承租人应在支付维修检修费用后 30 日内向其所在地海关申报办理纳税手续。

本公告实施前已缴纳的国内税收比照本公告第四条办理。

本公告实施前已支付的保险费用比照本公告第五条办理，但如果航空保单无法区分飞机的机身及零备件一切险、第三者责任险、运营险等险种保费的，有关航空保费不计入租金的完税价格。

国务院关于同意开展服务贸易创新发展试点的批复

发布文号：国函〔2016〕40 号

发布时间：2016 年 2 月 22 日

施行时间：2016 年 2 月 22 日

废止时间：2018 年 2 月 23 日

内容提要：商务部提出的《服务贸易创新发展试点方案》同意在天津、上海、海南、深圳、杭州、武汉、广州、成都、苏州、威海和哈尔滨新区、江北新区、两江新区、贵安新区、西咸新区等省市（区域）开展服务贸易创新发展试点。试点期为 2 年，自国务院批复之日起算。其中提到鼓励金融机构积极创新适合服务贸易特点的金融服务，扩大出口信用保险保单融资，大力发展供应链融资、海外并购融资、应收账款质押贷款和融资租赁等业务。

国务院办公厅关于促进医药产业健康发展的指导意见

发布文号：国办发〔2016〕11 号

发布时间：2016 年 3 月 4 日

施行时间：2016 年 3 月 4 日

内容提要：《国务院办公厅关于促进医药产业健康发展的指导意见》提到了要创新财政资金支持方式，利用奖励引导、资本金注入、应用示范补助等方式，支持应用示范和公共服务平台建设等具有较强公共服务性质的项目；运用和引导产业投资、风险投资等基金，支持创新产品研发、产业化建设等方面具有营利性、竞争性的项目。扶持具有创新发展能力的骨干企业和产业联盟，整合产业链上下游资源。探索医疗器械生产企业与金融租赁公司、融资租赁公司合作，为各类所有制医疗机构提供分期付款采购大型医疗设备的服务。研究制定国内短缺、有待突破的原料药重点产品目录，对目录中化学结构清晰、符合税则归类规则、满足监管要求的原料药，研究实施较低的暂定税率，健全研制、使用单位在医药产品创新、增值服务和示范应用等环节的激励机制。支持符合条件的创新型医药生产企业上市融资、发行债券、并购、重组。

商务部、税务总局关于天津等 4 个自由贸易试验区内资租赁企业从事融资租赁业务有关问题的通知

发布文号：商流通函〔2016〕90 号

发布时间：2016 年 3 月 17 日

施行时间：2016 年 3 月 17 日

内容提要：为贯彻落实天津、福建、广东自由贸易试验区（以下简称自贸试验区）总体方案和进一步深化上海自贸试验区改革开放方案，支持自贸试验区融资租赁行业积极探索、先行先试，促进融资租赁业加快发展。自 2016 年 4 月 1 日起，就天津等 4 个自贸试验区内资租赁企业从事融资租赁业务问题，商务部、税务总局将注册在自贸试验区内的内资租赁企业融资租赁业务试点确认工作委托给各自贸试验区所在的省、直辖市、计划单列市级商务主管部门和国家税务局。试点企业条件和申报材料要求参照 560 号文执行。对注册在自贸试验区外的内资租赁企业从事融资租赁业务，仍按现行规定和程序办理。

关于金融支持养老服务业加快发展的指导意见

发布文号：银发〔2016〕65 号

发布时间：2016 年 3 月 21 日

施行时间：2016 年 3 月 21 日

内容提要：中国人民银行、民政部、银监会、证监会、保监会联合印发《关于金融支持养老服务业加快发展的指导意见》（以下简称《意见》），其中提出，到 2025 年，基本建成与我国人口老龄化进程相适应、符合小康社会要求的金融服务体系。

《意见》明确要鼓励金融租赁公司开发适合养老服务业特点、价格公允的产品，提供融资租赁等金融服务。

财政部、国家税务总局关于全面推开营业税改征增值税试点的通知

发布文号：财税〔2016〕36 号

发布时间：2016 年 3 月 23 日

施行时间：2016 年 5 月 1 日

内容提要：经国务院批准，自 2016 年 5 月 1 日起，在全国范围内全面推开营业税改征增值税（以下称营改增）试点，建筑业、房地产业、金融业、生活服务业等全部营业税纳税人，纳入试点范围，由缴纳营业税改为缴纳增值税。

《财政部、国家税务总局关于全面推开营业税改征增值税试点的通知》（以下简称《通知》）对融资租赁行业中不同性质的业务，从税目、税率、销售额以及承租方进项税的抵扣方面做了相关规定。全面营改增之前，有形动产融资租赁业务（包括直租和售后回租业务）属于现代服务业中的有形动产租赁服务，缴纳增值税；不动产融资租赁业务属于金融保险业，缴纳营业税。全面营改增后，租赁服务仍然属于现代服务业，但融资性售后回租业务的税目不再界定为"现代服务业"，而是属于"金融服务"中的"贷款服务"。全面营改增之前，有形动产租赁服务（包括售后回租和直租业务）按照 17%缴纳增值税，不动产租赁按照 5%缴纳营业税。全面营改增后，根据《营业税改征增值税试点实施办法》第十五条的规定，融资性售后回租业务，税率为 6%；不动产租赁服务，税率为 11%；有形动产租赁服务，税率为 17%。《通知》对融资租赁业务销售额的确定较之前没有变化，即经人民银行、银监会或者商务部批准从事融资租赁业务的试点纳税人，提供融资租赁服务，以取得的全部价款和价外费用，扣除支付的借款利息（包括外汇借款和人民币借款利息）、发行债券利息和车辆购置税后的余额为销售额。全面营改增前后，承租方购进的有形动产融资租赁服务，其进项税额均允许从销项税额中抵扣，但承租方购进的融资性售后回租服务，其进项税额在抵扣环节出现变化。全面营改增之前，融资性售后回租业务按照有形动产租赁服务缴纳增值税，承租方取得的融资性售后回租业务的进项税额可以抵扣其销项税额。《通知》颁布后，规定纳税人购进的贷款服务，其进项税额不得从销项税额中抵扣，同时纳税人因接受贷款服务向贷款方支付的与该笔贷款直接相关的投融资顾问费、手续费、咨询费等费用，其进项税额也不得从销项税额中抵扣。而融资性售后回租业务属于贷款服务，承租人取得的融资性售后回租服务及其相关的投资顾问、咨询服务等业务的进项税额不得从销项税额中抵扣。

关于加快培育和发展住房租赁市场的若干意见

发布文号：国办发〔2016〕39 号

发布时间：2016 年 5 月 17 日

施行时间：2016 年 5 月 17 日

内容提要：国务院办公厅日前印发《关于加快培育和发展住房租赁市场的若干意见》（以下简称《意见》），全面部署加快培育和发展住房租赁市场工作。

《意见》指出，实行购租并举，培育和发展住房租赁市场，是深化住房制度改革的重要内容，是实现城镇居民住有所居目标的重要途径。要以建立购租并举的住房制度为主要方向，健全以市场配置为主、政府提供基本保障的住房租赁体系，支持住房租赁消费，促进住房租赁市场健康发展。

《意见》明确提出，到 2020 年，基本形成供应主体多元、经营服务规范、租赁关系稳定的住房租赁市场体系，基本形成保基本、促公平、可持续的公共租赁住房保障体系，基本形成市场规则明晰、政府监管有力、权益保障充分的住房租赁法规制度体系，推动实现城镇居民住有所居的目标。

《意见》从六个方面，提出了培育和发展住房租赁市场的具体政策措施。一是培育市场供应主体；二是鼓励住房租赁消费；三是完善公共租赁住房，完善住房租赁支持政策，保障承租人依法享受基本公共服务，引导城镇居民通过租房解决居住问题；四是支持租赁住房建设，各地应结合住房供需状况等因素，将新建租赁住房纳入住房发展规划；五是加大政策支持力度，对依法登记备案的住房租赁企业、机构和个人，给予税收优惠政策支持，支持符合条件的住房租赁企业发行债券、不动产证券化产品；六是加强住房租赁监管，完善住房租赁法律法规。

工业和信息化部、国家发展和改革委员会、中国工程院关于印发《发展服务型制造专项行动指南》的通知

发布文号：工信部联产业〔2016〕231 号

发布时间：2016 年 7 月 12 日

施行时间：2016 年 7 月 12 日

内容提要：为贯彻落实《中国制造 2025》，工业和信息化部、国家发展和改革委员会、中国工程院共同牵头制订了《发展服务型制造专项行动指南》。

工信部等三部门联合印发《发展服务型制造专项行动指南》（以下简称《指南》），支持符合条件的制造业企业发起设立或参股财务公司、金融租赁公司、融资租赁公司。

《指南》提到，有序发展相关金融服务，支持符合条件的制造业企业发挥自身优势，在依法合规、风险可控的前提下，发起设立或参股财务公司、金融租赁公司、融资租赁公司，延伸和提升价值链，提高要素生产率。

有效发展融资租赁业务。引导生产特定产品的企业通过设立金融租赁公司、融资租赁公司、租赁产业基金等方式，逐步发展大型设备、公用设施、生产线等

领域的设备租赁和融资租赁服务。支持制造业企业与金融租赁公司、融资租赁公司加强合作，实现资源共享和优势互补。积极探索在重大工程建设中引入设备融资租赁模式。加强与海外施工企业合作，开展设备海外租赁业务，服务"一带一路"建设。

同时，完善平台支撑。推动完善信息基础设施建设，加强信息宽带网络建设和改造。创建一批面向制造业的专业服务平台，瞄准价值链高端环节，完善研发设计、产业技术基础、协同制造、定制化服务、供应链管理、全生命周期管理、信息增值服务和融资租赁等领域的公共服务，支撑制造业企业提升服务创新能力。发展一批综合服务平台，鼓励地方政府部门加大对综合服务平台的支持力度，优化服务体系，创新服务手段，有效提升重点区域、重要领域的公共服务水平。

关于融资租赁货物出口退税政策有关问题的通知

发布文号：财税〔2016〕87 号

发布时间：2016 年 8 月 2 日

施行时间：2016 年 8 月 2 日

内容提要：财政部、海关总署、国家税务总局联合印发《关于融资租赁货物出口退税政策有关问题的通知》，将融资租赁公司设立的项目子公司纳入出口退税政策适用范围。这一政策的成功获批，使全国千余家融资租赁子公司从中受益，将进一步提高融资租赁出口货物的国际竞争力。未来将大力支持符合条件的金融租赁公司设立境外专业子公司，提升我国金融租赁业参与国际租赁市场竞争的广度和深度。

商务部等部门发布外商投资负面清单和备案办法

发布文号：国家发展改革委、商务部公告 2016 年第 22 号

发布时间：2016 年 10 月 8 日

施行时间：2016 年 10 月 1 日

内容提要：2016 年 9 月 3 日，第十二届全国人民代表大会常务委员会第二十二次会议审议通过《关于修改〈中华人民共和国外资企业法〉等四部法律的决定》，将不涉及国家规定实施准入特别管理措施的外商投资企业的设立及变更，由审批改为备案管理。经国务院批准，外商投资准入特别管理措施范围按《外商投资产业指导目录（2015 年修订）》中限制类和禁止类，以及鼓励类中有股权要求、高管要求的有关规定执行。涉及外资并购设立企业及变更的，按现行有关规定执行。

财政部、国家税务总局关于大型客机和新支线飞机增值税政策的通知

发布文号：财税〔2016〕141 号

发布时间：2016 年 12 月 15 日

施行时间：2015 年 1 月 1 日

废止时间：2018 年 12 月 31 日

内容提要：经国务院批准，将大型客机和新支线飞机有关增值税政策通知如下：

一、对纳税人从事大型客机、大型客机发动机研制项目而形成的增值税期末留抵税额予以退还。

本条所称大型客机，是指空载重量大于 45 吨的民用客机。本条所称大型客机发动机，是指起飞推力大于 14000 公斤的民用客机发动机。

二、对纳税人生产销售新支线飞机暂减按 5%征收增值税，并对其因生产销售新支线飞机而形成的增值税期末留抵税额予以退还。

本条所称新支线飞机，是指空载重量大于 25 吨且小于 45 吨、座位数量少于 130 个的民用客机。

三、纳税人符合本通知第一、二条规定的增值税期末留抵税额，可在初次申请退税时予以一次性退还。

四、纳税人收到退税款项的当月，应将退税额从增值税进项税额中转出。未按规定转出的，按《中华人民共和国税收征收管理法》有关规定承担相应法律责任。

五、退还的增值税税额由中央和地方按照现行增值税分享比例共同负担。

六、本通知的执行期限为 2015 年 1 月 1 日至 2018 年 12 月 31 日。

中华人民共和国船舶登记办法

发布文号：交通运输部令 2016 年第 85 号

发布时间：2016 年 12 月 27 日

施行时间：2017 年 2 月 10 日

内容提要：《中华人民共和国船舶登记办法》（以下简称《办法》）对船舶所有权、名称、国籍、抵押权、光船租赁、船舶烟囱标志和公司旗登记等行为进行了规范。

《办法》规定，融资租赁的船舶，可以由租赁双方依其约定，在出租人或者承租人住所地或者主要营业所所在地就近选择船舶登记港。

其中第五十六条提到，光船租赁同时融资租赁的，申请办理光船租赁登记应当提交融资租赁合同。

地方文件

内蒙古自治区人民政府办公厅关于加快融资租赁业发展的实施意见

发布文号：内政办发〔2016〕2 号

发布时间：2016 年 1 月 7 日

施行时间：2016 年 1 月 7 日

内容提要：为贯彻落实《国务院办公厅关于加快融资租赁业发展的指导意见》（国办发〔2015〕68 号）精神，推动区内融资租赁业加快发展，更好地发挥融资租赁服务实体经济发展、促进经济稳定增长和转型升级的作用，经自治区人民政府同意，现提出以下意见：一、充分认识加快融资租赁业发展的重要意义；二、明确加快融资租赁业发展的重点任务；三、优化融资租赁业发展环境；四、强化融资租赁业风险防范；五、完善融资租赁业发展保障措施。

北京市文化创意产业发展专项资金项目贴租实施细则（试行）

发布文号：京文资发〔2016〕5 号

发布时间：2016 年 1 月 29 日

施行时间：2016 年 1 月 29 日

内容提要：《北京市文化创意产业发展专项资金项目贴租实施细则（试行）》（以下简称《细则》）所称贴租，是指对项目单位为实施文化创意产业项目从融资租赁机构获得融资资金所发生的租息（含以手续费方式提前支付的租息）进行资金支持。融资租赁机构仅限于注册地在北京的融资租赁公司（含独立在北京注册经营的分支机构，金融租赁机构除外），同时在上一完整会计年度融资租赁业务中北京市文创项目数占比不低于 20%，且为北京市文创企业融资金额累计不低于 5 亿元。

《细则》规定，申请项目贴租支持的，原则上应满足以下条件：项目内容符合北京市文化创意产业发展战略及发展规划；具备技术、知识产权、场地、自筹资金等各项实施条件（如需立项等前置手续的，须提供相关获批文件）；项目形象进度和已完成投资均不低于 20%。

吉林省人民政府办公厅关于加快融资租赁业发展的实施意见

发布文号：吉政办发〔2016〕7 号

发布时间：2016 年 1 月 29 日

施行时间：2016 年 1 月 29 日

内容提要：为贯彻落实《国务院办公厅关于加快融资租赁业发展的指导意见》（国办发〔2015〕68 号），充分发挥融资租赁在现代融资服务体系中的功能，强化中小企业融资支撑，促进吉林省创业创新和实体经济发展，结合吉林省实际，提出以下实施意见。

一、高度重视，发挥融资租赁业重要作用。确立融资租赁业促进经济发展的重要地位，多途径多领域拓展融资租赁业，支持融资租赁业创新发展，推进融资租赁产业聚集发展，加快融资租赁配套产业发展。

二、努力营建和优化融资租赁业发展环境。简化融资租赁企业设立审批程序，创新优化融资租赁管理措施，完善融资租赁相关登记公示制度，加强融资租赁业人才队伍建设。

三、加强对融资租赁业发展的政策支持。落实财政支持政策，落实税收优惠政策，落实金融促进政策，落实省级政府属地管理责任，加强企业内部管理制度建设，建设融资租赁行业信用体系。

天津市金融局关于充分发挥金融创新引领作用、更好服务全市促惠上活动的意见

发布文号：津金融局〔2016〕12 号

发布时间：2016 年 2 月 4 日

施行时间：2016 年 2 月 4 日

内容提要：《天津市金融局关于充分发挥金融创新引领作用、更好服务全市促惠上活动的意见》（以下简称《意见》）指出，要运用融资租赁手段促进企业装备改造，发挥融资租赁优势，助力企业装备改造升级。要加大融资租赁对中小企业、科技型企业和科研院所等单位装备改造升级服务力度，发挥融资租赁"融资、融物、融智"相结合的优势，创新设备租赁产品和服务，加大设备租赁投放规模，灵活运用直接租赁、委托租赁、厂商租赁、跨境租赁、联合租赁等方式，支持企业降低设备融资门槛、拓宽设备采购渠道、降低设备采购成本、提高设备管理水平、提高生产经营效益、加快实现转型升级。

要建立沟通合作机制，搭建信息共享平台。各租赁公司要积极主动配合并参与市有关部门建立的采购项目和租赁公司评估筛选机制，共同搭建设备采购单位与租赁公司线上交流合作平台，了解企业和项目信息等需求情况，提供融资条件和租赁产品等信息，促进双方高效对接，实现合作和共赢发展。

天津市人民政府办公厅关于印发支持企业通过融资租赁加快装备改造升级实施方案及配套文件的通知

发布文号：津政办发〔2016〕14 号

发布时间：2016 年 2 月 7 日

施行时间：2016 年 2 月 7 日

内容提要：为加快推进供给侧结构性改革，充分发挥市场机制作用，鼓励天津市企业通过融资租赁方式加快装备改造升级，提高技术装备水平，提升发展质量效益，天津市政府下发了《关于支持企业通过融资租赁加快装备改造升级的实施方案》（以下简称《方案》）和《天津市支持企业通过融资租赁加快装备改造升级项目管理办法》《天津市支持企业通过融资租赁加快装备改造升级专项资金管理暂行办法》《融资租赁机构参与支持企业装备改造升级及公示平台管理办法》等"一个文件三个管理办法"，为企业装备改造发放政策"红包"。

《方案》提出，经过相关部门认定后，企业通过融资租赁方式购置的先进研发生产和检验检测设备，天津市财政安排 30 亿元给予融资租赁额综合费率中的 5 个百分点补贴，重点支持科技型中小企业转型升级、智能工厂和智能车间、"机器换人"等智能化改造。同时，"三个管理办法"分别对融资租赁项目申报条件、审核要求，专项资金的补贴标准、申请程序，以及融资租赁机构参与支持企业装备改造升级及公示细则做了详细说明。

为落实《方案》，发挥融资租赁业促进企业转型升级的功能，应搭建融资租赁机构公示平台，借此推进政银互动、产融合作。平台将本着公平、公开、公正的原则，选择符合条件并有意愿参与企业加快装备改造升级的融资租赁机构，及时发布融资租赁机构名录及基本状况、业务范围、对接要求等信息，对合作融资租赁机构诚信状况及时进行披露，在服务企业转型升级过程中充分享受政策"红包"，促进融资租赁业做强做大。

山东省人民政府办公厅关于贯彻国办发〔2015〕68 号文件加快融资租赁业发展的实施意见

发布文号：鲁政办发〔2016〕7 号

发布时间：2016 年 2 月 19 日

施行时间：2016 年 2 月 19 日

内容提要：鼓励各类社会资本进入融资租赁业，支持有优势产业背景的大型企业投资设立专业融资租赁公司。支持融资租赁业与装备制造业、现代农业等重点产业深度融合，鼓励融资租赁公司参与城市公用事业建设。支持有条件的融资租赁公司嫁接外资，从境外获取低成本资金。同时要求各级、各部门要为融资租赁公司提供优质便利服务，设立限时办结制度。

云南省人民政府办公厅关于促进融资租赁业发展的实施意见

发布文号：云政办发〔2016〕27号

发布时间：2016年3月12日

施行时间：2016年3月12日

内容提要:《云南省人民政府办公厅关于促进融资租赁业发展的实施意见》(以下简称《意见》)提出，要稳妥发展居民家庭消费品租赁市场，发展家用轿车、家用信息设备、耐用消费品等融资租赁，扩大国内消费。

为发挥融资租赁服务实体经济发展、拓宽中小微企业融资渠道、推动产业转型升级的作用，《意见》提出发展目标，即到2020年，融资租赁业务领域覆盖面和市场规模不断扩大，融资租赁市场渗透率和竞争力水平显著提高；培育形成不少于20户专业优势突出、管理先进、竞争力较强的融资租赁企业；基本建立统一、规范、有效的事中事后监管体系和政策扶持体系。

《意见》鼓励融资租赁公司参与城乡公用事业、污水垃圾处理、环境治理、广播通信、农田水利等基础设施建设。在公交车、出租车、公务用车等领域，鼓励通过融资租赁发展新能源汽车及配套设施。鼓励融资租赁公司发挥融资便利、期限灵活、财务优化等优势，提供适合中小微企业特点的产品和服务。支持设立专门面向中小微企业的融资租赁公司。探索发展面向个人创业者的融资租赁服务，推动大众创业、万众创新。

江西省人民政府办公厅印发关于加快我省融资租赁业发展若干措施的通知

发布文号：赣府厅发〔2016〕9号

发布时间：2016年3月19日

施行时间：2016年3月19日

内容提要：为进一步扩大江西省融资租赁行业规模，更好地发挥融资租赁服务实体经济发展、促进经济稳定增长和转型升级的作用，提出20条举措支持全省融资租赁业发展。其中包括融资租赁公司设子公司不设最低注册资本限制、鼓励融资租赁公司参与基础设施建设、支持融资租赁创新发展等。

各地、各有关部门要充分认识加快融资租赁业发展的重要意义，加强组织领导，建立工作机制，强化部门协作和上下联动，协调推动融资租赁业健康发展。省商务厅与省政府金融办、省银监局等相关部门要加强统筹协调、密切配合，共同做好风险防范工作。省商务厅要做好融资租赁行业管理工作，会同有关部门对措施落实情况进行跟踪分析和监督检查，切实将各项工作任务落到实处。

湖北省人民政府办公厅关于加快融资租赁业发展的实施意见

发布文号：鄂政发〔2016〕12 号

发布时间：2016 年 4 月 6 日

施行时间：2016 年 4 月 6 日

内容提要：《湖北省人民政府办公厅关于加快融资租赁业发展的实施意见》提出，力争到 2020 年，形成一批品牌知名度高、市场竞争力强、经营方式创新的融资租赁龙头骨干企业，同时全行业融资租赁资产规模占全国比重与湖北省 GDP（国内生产总值）占全国比重相当。

同时还提到，对融资租赁公司设立不设门槛限制；允许融资租赁公司兼营与主营业务有关的商业保理业务。财税政策支持方面，加大政府采购支持力度，鼓励各级政府提供公共服务、推进基础设施建设等。

广州市人民政府办公厅印发关于进一步加快融资租赁业发展工作方案的通知

发布文号：穗府办函〔2016〕43 号

发布时间：2016 年 4 月 7 日

施行时间：2016 年 4 月 7 日

内容提要：《关于进一步加快融资租赁业发展的工作方案》（以下简称《方案》）从放宽企业准入及经营条件、解决企业融资困难、加大财政扶持力度、推动自贸试验区创新集聚发展、规范行业健康发展等几方面推动融资租赁业发展。该项政策的出台，旨在通过加快行业发展，扩大融资租赁业务领域覆盖面，提高融资租赁市场渗透率，形成一批专业优势突出、管理先进、竞争力强的龙头企业，建立统一、规范、有效的事中事后监管体系，力争将广州的融资租赁业市场规模和竞争力水平提升至全国前列。《方案》细化了各部门的分工，并提出了三方面的保障措施。（一）加强组织领导。执行融资租赁联席会议制度，由市商务委牵头协调各相关部门加快落实本工作方案。各相关部门要进一步加强分工协作、沟通协调，落实专人负责，发现问题要及时沟通解决，并做好与国家相关部门的衔接，积极争取上级部门的指导和支持。（二）加强责任落实。各有关区政府、市有关单位要高度重视融资租赁业对加快广州市现代金融服务体系建设、助推广州市产业转型升级的重要意义，切实加强组织领导，把握时间节点，按照职责分工按时高质量完成各项工作。（三）加强资金保障。各相关部门要根据要求，加大对融资租赁业的扶持力度。有关区政府要做好配套资金保障，形成市、区两级财政扶持政策的叠加效应。

广东省商务厅关于印发支持广东自贸试验区创新发展实施意见的通知

发布文号：粤商务办字〔2016〕3 号

发布时间：2016 年 4 月 7 日

施行时间：2016 年 4 月 7 日

内容提要：为贯彻广东省委省政府关于大力推进广东自贸试验区（以下简称"自贸试验区"）建设的工作部署，落实《商务部关于支持自由贸易试验区创新发展的意见》（商资发〔2015〕313 号），坚持改革创新，加大力度推进自贸试验区各项工作，努力在全国自贸试验区建设中走在前列，《广东省商务厅关于支持广东自贸试验区创新发展的实施意见》提出支持融资租赁行业发展。在南沙片区开展内、外资统一的融资租赁业管理改革试点，建立事中事后监管体系，实现内、外资融资租赁企业的经营范围、交易规则、监管指标、信息报送、监督检查等相关管理制度的统一。支持自贸试验区各片区规划建设融资租赁产业园区，打造融资租赁产业服务平台，加大对融资租赁业扶持力度。支持融资租赁企业在自贸试验区内设立地区总部或项目子公司，在飞机、船舶、工程机械等领域培育一批具有国际竞争力的融资租赁企业。鼓励自贸试验区内企业通过融资租赁方式引进国外先进设备，将租赁贸易方式进口纳入广东省进口贴息政策支持范围。支持建设融资租赁服务联盟，为"走出去"企业提供配套服务，对广东融资租赁企业的境外项目按照政策给予支持。

江苏省政府办公厅关于加快融资租赁业发展的实施意见

发布文号：苏政发〔2016〕32 号

发布时间：2016 年 4 月 8 日

施行时间：2016 年 4 月 8 日

内容提要：《江苏省政府办公厅关于加快融资租赁业发展的实施意见》（以下简称《意见》）指出，到 2020 年，江苏省将培育 3—5 家租赁资产规模过百亿、利润过亿、在全行业有影响的融资租赁龙头企业。《意见》明确表示支持融资租赁业创新发展，支持设立融资租赁相关的中介服务机构，为融资租赁业务提供政策咨询、资产评估、资产交易等配套服务。推广融资租赁仲裁，鼓励采用商事仲裁方式解决融资租赁法律纠纷，规范仲裁协议合同文本。《意见》指出，将建立多部门参与的融资租赁监督管理机制，按照"谁审批、谁监管，谁主管、谁监管"的原则，各市、国家级经济技术开发区要建立健全融资租赁事中事后监管及风险防范机制，明确牵头部门，加强属地管理。此外，《意见》鼓励融资租赁公司进行信用评级，探索建立融资租赁监管指标体系和监管评级制度。

天津市商务委、市国税局关于天津自由贸易试验区内资租赁企业从事融资租赁业务有关问题的通知

发布文号：津商务流通〔2016〕9 号

发布时间：2016 年 4 月 11 日

施行时间：2016 年 4 月 11 日

内容提要：为落实《商务部、税务总局关于天津等 4 个自由贸易试验区内资租赁企业从事融资租赁业务有关问题的通知》（商流通函〔2016〕90 号），自 2016年 4 月 1 日起，受商务部和国家税务总局委托，天津市商务委、天津市国税局负责天津自贸区内资租赁企业从事融资租赁业务试点确认工作。试点企业条件和申报材料参照《商务部、国家税务总局关于从事融资租赁业务有关问题的通知》（商建发〔2004〕560 号）执行。

关于印发德州市市级政府投资项目融资租赁业务管理暂行办法的通知

发布文号：德政字〔2016〕24 号

发布时间：2016 年 4 月 13 日

施行时间：2016 年 4 月 13 日

内容提要：为实现政府基本公共服务均等化，多渠道筹集市级政府项目建设资金，充分发挥融资租赁业务在政府投资项目中的杠杆作用，市级重大基础设施建设、设备购置项目适宜采用融资租赁方式的，其融资租赁方案经市政府批准后，可以采用融资租赁方式；政府投资项目采用融资租赁方式应严格控制融资成本，原则上参考人民银行公布的同期银行贷款基准利率，最高不得超过同期银行贷款基准利率上浮 50%；融资租赁业务期限原则上不低于 5 年。

天津市人民政府办公厅关于加快落实国家自由贸易区战略的实施意见

发布文号：津政办发〔2016〕41 号

发布时间：2016 年 4 月 21 日

施行时间：2016 年 4 月 21 日

内容提要：进一步深化金融领域开放创新。成立中国（天津）自由贸易试验区金融工作协调推进小组，推动自贸试验区金融改革创新。深入实施《中国人民银行关于金融支持中国（天津）自由贸易试验区建设的指导意见》（银发〔2015〕372 号）。探索建立与自贸试验区相适应的账户管理体系，促进资本项目限额内可兑换。扩大人民币跨境使用，支持自贸试验区内企业和金融机构从境外借用人民币资金，支持跨国企业集团开展跨境双向人民币资金池业务。研究在自贸试验区内就业并符合条件的境内个人按规定开展各类人民币境外投资，在自贸试验区内

就业并符合条件的境外个人可按规定开展各类境内投资。深化外汇管理改革，建立外债宏观审慎管理制度，放宽企业境外外汇放款管理。进一步增强租赁业发展优势，设立全国性租赁资产流转平台，探索建立统一的内、外资融资租赁企业监管制度，建立完善的租赁企业服务体系，建设国家租赁创新示范区，保持租赁业发展全国领先地位。

福建自贸区内资融资租赁试点企业推荐确认工作的函

发布文号：闽经信函中小〔2016〕234 号

发布时间：2016 年 5 月 6 日

施行时间：2016 年 5 月 6 日

内容提要：根据《商务部、税务总局关于天津等 4 个自由贸易试验区内资租赁企业从事融资租赁业务有关问题的通知》（商流通函〔2016〕90 号），自 2016 年 4 月 1 日起，商务部、税务总局将注册在自贸试验区内的内资租赁企业融资租赁业务试点确认工作委托给各自贸试验区所在的省、直辖市、计划单列市级主管部门和国家税务局实施。文件明确了福建自贸试验区内资融资租赁试点企业的确认条件和申报材料。

天水市加快融资租赁业发展实施方案通知

发布文号：天政办发〔2016〕49 号

发布时间：2016 年 5 月 9 日

施行时间：2016 年 5 月 9 日

内容提要：《天水市加快融资租赁业发展实施方案通知》提出，围绕把天水建设成为丝绸之路经济带新驿站和区域性现代化流通节点大城市的总体要求，紧抓全国融资租赁业加速发展的战略机遇，发挥金融投资主体与实体经济的互促共赢作用，积极设立融资租赁企业，推动天水市装备制造业、现代农业、现代服务业和相关行业做大做强，支持重大基础设施建设和相关产业的稳步发展，构建完善的融资租赁法律保障体系，助推天水市产业转型升级，稳步推动融资租赁业发展。

重庆市人民政府办公厅关于加快融资租赁业发展的实施意见

发布文号：渝府办发〔2016〕84 号

发布时间：2016 年 5 月 13 日

施行时间：2016 年 5 月 13 日

内容提要：《重庆市人民政府办公厅关于加快融资租赁业发展的实施意见》（以下简称《意见》）由总体要求、主要任务和政策措施三部分组成，确立了 2020

年和 2025 年的中远期发展目标，规划到 2025 年，融资租赁成为重庆市投融资体系中的重要组成部分，法律法规和政策扶持体系初步形成，统一、规范、有效的事中事后监管体系基本建立，融资租赁业市场规模和竞争力水平位居全国前列。

《意见》明确了创新体制机制促进融资租赁业健康有序发展、推动重点领域融资租赁发展、建立完善的融资租赁事中事后监管机制三大工作任务，并在支持融资租赁企业拓宽融资渠道、完善财税扶持政策、加强人才队伍建设等方面给予政策保障。

《意见》在开放市场领域方面进一步简政放权，对之前融资租赁企业开展业务时法律边界比较模糊的领域进行了明确的界定；为配合国家"一带一路"建设，《意见》鼓励优势产业走出去并为之提供相应的政策保障；为推动"大众创业、万众创新"，发挥对中小微企业和家庭提供融资服务的作用，《意见》专列条款鼓励融资租赁企业进一步发挥对中小微企业提供融资服务的作用，发展家庭消费品租赁市场；《意见》以"责任分工表"的形式明确了政府各相关部门的职责范围，确保各项举措能够切实落到实处，行政相对人在遇到问题时能够找到对应的行政主管部门。

西安国际港务区关于扶持发展千亿级融资租赁产业的暂行办法

发布文号：西港发〔2016〕42 号

发布时间：2016 年 5 月 17 日

施行时间：2016 年 5 月 17 日

废止时间：2019 年 5 月 16 日

内容提要：《西安国际港务区关于扶持发展千亿级融资租赁产业的暂行办法》（以下简称《办法》）中提出了"加快融资租赁产业聚集发展，打造千亿级融资租赁产业，服务保障实体经济发展"的发展战略。

《办法》提出，将在未来 3 年内，对注册在国际港务区且实收资本在 1.7 亿元以上的企业进行扶持，设立总规模 10 亿元的融资租赁产业发展专项资金，用于产业扶持、基金引导及高端人才引进奖励。

根据《办法》，在国际港务区新设立的融资租赁企业享受 500 平方米以内的办公用房租补贴。前三年按照 40 元/平方米/月的标准进行补贴，后三年按照 20 元/平方米/月的标准进行补贴（每年度 3 月份，由经发局会同融租办对入驻企业上一年度经营情况进行一次评审，评审通过后，企业可继续享受该补贴）。

《办法》还提出，对融资租赁企业聘用年薪不低于 30 万元且聘用时间 5 年以上（含 5 年）、在西安国际港务区缴纳个人所得税的高级管理人员（限 5 名以内），根据实际情况给予高管三年最高不超过 100 万元/人的奖励。

除此之外，《办法》中列明的奖励内容还包括企业运营奖励、上市奖励、基金扶持等 10 项内容。

同时经发局会同融租办、财政局定期对入驻企业获取的扶持资金使用情况进行专项评估，评估结果作为企业申请下年度扶持资金及其他扶持政策的参考。对于虚假申报、套取管委会扶持资金以及不按照规定使用资金的企业和个人，列入黑名单，不再受理该企业的其他政策申请。

福建省人民政府办公厅关于促进融资租赁业发展的意见

发布文号：闽政办〔2016〕77 号

发布时间：2016 年 5 月 17 日

施行时间：2016 年 5 月 17 日

内容提要：《福建省人民政府办公厅关于促进融资租赁业发展的意见》突出强调了融资租赁业要在以下三个方面发挥作用：一是加大对产业转型升级的支持力度。鼓励融资租赁企业拓展传统融资租赁业务，增强对产业链、供应链上下游的带动能力。推动融资租赁企业与战略性新兴产业深度融合，助推相关产业加快发展。大力发展跨境租赁，扩大高端设备进口，提升技术装备水平。鼓励优质融资租赁企业拓展海外租赁市场。二是推进融资租赁服务在公共领域的应用。鼓励各市、县（区）政府在提供公共服务、推进重点项目和基础设施建设中购买融资租赁服务；已建成的可探索通过售后回租来盘活存量资产和沉淀资金，探索融资租赁与 PPP（政府和社会资本合作）模式相结合。鼓励城市轨道交通等领域通过融资租赁加快发展。积极推动融资租赁企业开展城乡公用事业等基础设施融资租赁业务。三是加大对"三农"和中小微企业的支持力度。支持设立专门服务"三农"和中小微企业的融资租赁企业。支持融资租赁企业开展面向种粮大户、养殖大户、家庭农场、农民合作社等经营主体的融资租赁业务。支持融资租赁企业加大对科技型、创新型、创业型中小微企业和个人创业者等的支持力度。

上海市商务委、市国税局关于中国（上海）自由贸易试验区内资租赁企业从事融资租赁业务有关事项的通知

发布文号：沪商服务〔2016〕159 号

发布时间：2016 年 6 月 1 日

施行时间：2016 年 6 月 1 日

内容提要：为贯彻落实《商务部、税务总局关于天津等 4 个自由贸易试验区内资租赁企业从事融资租赁业务有关问题的通知》（商流通函〔2016〕90 号），自 2016 年 4 月 1 日起，受商务部和国家税务总局委托，上海市商务委、上海市国家

税务局负责中国（上海）自由贸易试验区内资租赁企业从事融资租赁业务试点确认工作。

沈阳市加快推进融资租赁业发展实施方案（2016—2020 年）

发布文号：沈政办发〔2016〕66 号

发布时间：2016 年 6 月 1 日

施行时间：2016 年 6 月 1 日

废止时间：2020 年 12 月 31 日

内容提要：沈阳市计划到 2020 年，将重点引进和培育一批实力雄厚、与实体经济连接紧密的融资租赁企业，全市融资租赁企业达 40 家，扶持 1—2 家注册资本超过 20 亿元的龙头企业，全市融资租赁业市场渗透率达 3%—5%。沈阳市将支持装备制造业企业，特别是数控、普通机床、工业机器人、航空设备、智能制造装备、重要专用设备、通用设备和大型工程、基础设施建设等具有产业背景的大型企业，以及服务运营商、各类投资机构等非厂商机构进入融资租赁行业。

在重点领域方面，鼓励融资租赁企业参与道路、桥梁、轨道交通、城市公交、公共停车场、公共自行车，以及城市慢行系统、地下空间开发、公共医疗、文化教育、污水处理等重大基础设施建设。

在优惠政策方面，全市将加大对融资租赁企业的扶持力度，统筹使用现有专项资金,在市级产业发展专项资金相关专项中对融资租赁业的发展给予资金支持。鼓励融资租赁企业在沈阳落户，支持运营规范、实力雄厚的融资租赁企业增资扩股，对业绩突出的融资租赁企业给予适当补助。

广东省人民政府办公厅关于加快融资租赁业发展的实施意见

发布文号：粤府办〔2016〕52 号

发布时间：2016 年 6 月 12 日

施行时间：2016 年 6 月 12 日

内容提要：《广东省人民政府办公厅关于加快融资租赁业发展的实施意见》（以下简称《意见》）提出，到 2020 年，基本形成以中国（广东）自由贸易试验区（以下简称广东自贸试验区）为龙头的融资租赁发展格局。《意见》提出的发展目标是：融资租赁业务领域覆盖面不断扩大，融资租赁市场渗透率显著提高，基本形成以中国（广东）自由贸易试验区（以下简称广东自贸试验区）为龙头、东莞佛山等珠三角城市为支撑、粤东西北有关城市积极参与的融资租赁发展格局，广东省融资租赁业竞争力位居全国前列，形成服务全省、辐射华南、联通港澳、面向全球的融资租赁业发展高地。

《意见》首先指出要加强融资租赁行业培育引导。要推动广东自贸试验区南沙新区、前海蛇口、横琴新区片区先行先试开展融资租赁业务；支持设备制造厂商依托产业背景设立厂商系融资租赁公司，发展特定产业供应链融资租赁；支持国有资本以独资、控股、参股等形式设立融资租赁公司，打造一批国有骨干融资租赁企业，发挥国有企业的示范带头作用等。此外，《意见》还提到将改革制约融资租赁发展的体制机制、加快重点领域融资租赁发展、支持融资租赁创新发展和加强融资租赁事中事后监管等。

《意见》提出，将加大财税、金融支持，完善公共服务，加强人才培养。具体政策包括：落实融资租赁相关税收政策，促进行业健康发展；鼓励银行机构根据融资租赁行业风险收益特征，设计不同的业务品种，为融资租赁公司提供资金支持等。

西安市人民政府办公厅关于加快融资租赁业发展的实施意见

发布文号：市政办发〔2016〕42号

发布时间：2016年6月13日

施行时间：2016年6月13日

内容提要：《西安市人民政府办公厅关于加快融资租赁业发展的实施意见》（以下简称《意见》）指出，要充分发挥融资租赁在现代融资服务体系中的功能和作用，强化中小企业融资支撑，培育特色优势产业，推进全市创新创业和实体经济发展。

《意见》还指出，力争到2020年，形成千亿级的融资租赁产业集聚区，培育一批品牌知名度高、市场竞争力强、经营方式新的融资租赁龙头企业，融资租赁企业总数超100家，业务总量超1000亿元，市场渗透率达到5%以上，融资租赁成为全社会投融资体系中的重要组成部分。

引导创新发展，促进产融结合，培育融资租赁业市场主体。促进投资主体多元化，鼓励境内外投资商来西安市设立融资租赁企业。推进融资租赁业聚集区建设，鼓励融资租赁企业支持西安市重点培育产业发展，优先开展高端装备制造、节能环保、信息技术、新能源、新材料、生物医药等新兴产业融资租赁业务。

在服务方面，优化资质管理，减少行业制约。支持融资租赁产业聚集区申报和开展外债宏观审慎管理、跨境人民币结算等试点，促进跨境融资租赁发展。同时，加大对融资租赁业资金支持力度，全面落实政策，加大产业扶持、产业引导力度，开展企业征信服务系统试点。

济南市人民政府关于印发济南市加快区域性金融中心建设促进金融业发展若干扶持政策的通知

发布文号：济政发〔2016〕15 号

发布时间：2016 年 6 月 24 日

施行时间：2016 年 1 月 1 日

内容提要：《济南市加快区域性金融中心建设促进金融业发展若干扶持政策》提出 9 项新政。

对法人金融机构最高补助 1 亿元，企业成功上市补助 500 万元，成功在新三板挂牌补助 150 万元，补贴力度空前。将融资租赁公司纳入补助范围。

此次出台的促进融资租赁企业发展的扶持政策包括：落户补助、增资补助、融资服务补助、购入本市设备补助及办公用房补助。对实缴注册资本 10 亿元（含）以上的融资租赁公司，补助 1200 万元；实缴注册资本 5 亿元至 10 亿元的融资租赁公司，补助 800 万元；实缴注册资本 2 亿元至 5 亿元的融资租赁公司，补助 500 万元。

此外，若当年融资租赁公司为济南市企业提供的融资总额超过 5000 万元，可按融资额的 0.5% 给予补助；若购入济南市先进装备制造企业生产的设备，可按实际支付金额的 0.5% 给予补助。

天津市建设北方国际航运核心区实施方案

发布文号：津政办发〔2016〕59 号

发布时间：2016 年 6 月 28 日

施行时间：2016 年 6 月 28 日

内容提要：《天津市建设北方国际航运核心区实施方案》提出，要将天津建成全球重要的航运资源配置中心。航运服务市场体系不断完善，航运金融创新服务功能显著增强，航运资源配置能力明显提升。船舶交易业务量达到环渤海地区 30% 以上；天津航运指数影响力辐射我国北方乃至东北亚地区。船舶融资租赁、单一项目公司（SPV）、船舶产业基金等业务快速发展。到 2017 年，东疆保税港区融资租赁公司达到 650 家以上（不含 SPV），融资租赁国际船舶数量超过 90 艘，融资租赁飞机数量突破 800 架，注册资本达到 2000 亿元，租赁资产规模突破 500 亿美元。到 2020 年，东疆保税港区融资租赁公司达到 1000 家以上（不含 SPV），融资租赁国际船舶数量超过 120 艘，融资租赁飞机数量达到 1300 架，注册资本达到 3500 亿元，租赁资产规模突破 800 亿美元。

加快推进中国进出口银行在天津设立金融租赁公司，吸引其他金融租赁机构设立航运租赁专业子公司。探索引导渤海租赁、泰达控股等市内具有实力的金融机构与国际知名机构开展合作，提升在航运金融方面的竞争力。

积极推动航运融资租赁业务创新，鼓励符合条件的社会各类资本在天津发起设立金融租赁公司，支持金融租赁公司在天津注册成立专门从事交通运输或其他与航运金融有关业务的专业子公司。依托东疆保税港区，积极开展SPV单船融资租赁业务，推进航运金融租赁业务国际化，建设具有国际先进水平的全球飞机租赁中心和船舶、海洋工程结构租赁基地。

天津市商务委、市国税局关于确认天津城投创展租赁有限公司等6家企业为天津自由贸易试验区第一批内资融资租赁试点企业的通知

发布文号：津商务流通〔2016〕22号

发布时间：2016年7月13日

施行时间：2016年7月13日

内容提要：根据《商务部、税务总局关于天津等4个自由贸易试验区内资租赁企业从事融资租赁业务有关问题的通知》（商流通函〔2016〕90号）和《天津市商务委、市国税局关于天津自由贸易试验区内资租赁企业从事融资租赁业务有关问题的通知》（津商务流通〔2016〕9号）文件精神，市商务委、市国税局对天津自由贸易试验区三个片区报送的内资融资租赁试点企业材料进行了审核。经审核，天津城投创展租赁有限公司等6家企业符合试点条件，同意其作为天津自由贸易试验区第一批内资融资租赁试点企业。

天津市商务委、市市场监管委关于融资租赁企业兼营商业保理业务有关问题的通知

发布文号：津商务流通〔2016〕21号

发布时间：2016年7月28日

施行时间：2016年7月28日

内容提要：根据《国务院关于推广中国（上海）自由贸易试验区可复制改革试点经验的通知》（国发〔2014〕65号）和《商务部办公厅关于融资租赁行业推广中国（上海）自由贸易试验区可复制改革试点经验的通知》（商办流通函〔2015〕575号）文件精神，天津市融资租赁企业可以兼营与主营业务有关的商业保理业务。现就有关问题通知如下：

1. 内资融资租赁试点企业申请兼营与主营业务有关的商业保理业务无需行业准入，由市场监管部门直接办理企业经营范围增项。

2. 外商投资融资租赁企业兼营与主营业务有关的商业保理业务，按现行规定办理审批（备案）手续。

3. 融资租赁企业应遵守《融资租赁企业监督管理办法》，兼营的商业保理业务应与主营业务有关，在开展商业保理业务时，参照商业保理行业管理相关规定执行。

中国（福建）自由贸易试验区厦门片区租赁业发展办法财政扶持政策实施细则

发布文号：厦金融办〔2016〕53 号

发布时间：2016 年 8 月 3 日

施行时间：2016 年 8 月 3 日

废止时间：2018 年 10 月 7 日

内容提要：《中国（福建）自由贸易试验区厦门片区租赁业发展办法财政扶持政策实施细则》（以下简称《细则》）提到，符合条件的租赁企业可以申请最高 3000万元的扶持奖励资金。

根据《细则》要求，自贸试验区厦门片区融资租赁企业在新设或迁入、新增注册资本、业绩增长、增信，以及购地、购房、租房等方面均可享受财政扶持奖励或补贴。

根据 2015 年发布的《中国（福建）自由贸易试验区厦门片区租赁业发展办法》，对在厦门市新设立或从厦门域外新迁入的租赁法人企业，根据其到资情况给予落户奖励，最高奖励 3000 万元。在厦门域外的租赁企业在自贸试验区内设立总部营运中心或区域性分支机构的，一次性奖励 50 万元。同时，厦门市还对年实际租赁额超过 5000 万元（含 5000 万元）的租赁企业实施配套业绩奖补。

符合条件的融资租赁企业向自贸试验区厦门片区管委会财政和金融服务局直接提出申请，由其审核并先行给予兑付。融资租赁企业在符合享受优惠政策时段的次年 4 月底前提出申请，2016 年度的申报时间可顺延至 2016 年 10 月 31 日。

《细则》旨在贯彻落实《中国（福建）自由贸易试验区厦门片区租赁业发展办法》，促进厦门市融资租赁企业健康发展并更好地服务实体经济，做好扶持发展及奖励兑现工作。

上海市人民政府办公厅关于加快本市融资租赁业发展的实施意见

发布文号：沪府办发〔2016〕32 号

发布时间：2016 年 8 月 15 日

施行时间：2016 年 9 月 1 日

废止时间：2020 年 12 月 31 日

内容提要:《上海市人民政府办公厅关于加快本市融资租赁业发展的实施意见》

（以下简称《意见》）提出了要以中国（上海）自由贸易试验区先行先试为契机，建立支撑融资租赁业持续健康发展的制度创新体系，建立统一、规范、有效的控制行业风险和事中事后监管体系，建立行之有效的政策扶持和服务体系，不断拓宽服务领域，提升上海市融资租赁业的国际竞争力和对全市经济社会发展的贡献度。争取到2020年，实现融资租赁业务领域覆盖面不断扩大，融资租赁市场渗透率显著提高，融资租赁资产规模占全国比重达到30%以上，使融资租赁成为企业设备投资和技术更新的重要手段，成为社会投融资体系中的重要组成部分。

《意见》提出了五个方面的主要任务：一是积极培育市场主体，不断拓宽融资租赁服务领域；二是支持自贸试验区先行先试，促进融资租赁业集聚发展；三是深入推进制度创新，完善融资租赁行业发展环境；四是切实落实各项政策，完善政策扶持体系；五是完善公共服务，强化风险防范和监管工作。

厦门市海沧区人民政府关于印发鼓励开展融资租赁业务若干意见的通知

发布文号：厦海政〔2016〕169号

发布时间：2016年8月29日

施行时间：2016年8月29日

废止时间：2021年8月28日

内容提要：为促进融资租赁业务加快发展，推动融资租赁企业在海沧区特别是在自贸试验区内的集聚，《关于鼓励开展融资租赁业务的若干意见》对在海沧区新注册和税务登记的融资租赁（含金融租赁）企业，实缴注册资本5000万元（含）以上的，给予100万元入驻奖励；超过5000万元部分，每增加1000万元增加10万元奖励。入驻奖励最高不超过500万元。奖励按第一年40%、第二年30%、第三年30%的比例，分三年兑现。

五年内，凡在海沧区新注册的融资租赁企业，按企业年度对区级收入的贡献数给予五年奖励，其中前两年给予100%的奖励，后三年给予50%的奖励。利用商业贷款购买大型设备（单台套价格200万元及以上）用于开展租赁业务的，每套设备按照年贷款利息的20%给予补贴，补贴期限三年，单套设备最高补贴50万元。为海沧区企业提供融资租赁服务、当年融资租赁总额达到5000万元及以上的融资租赁企业，根据其当年为海沧区企业提供融资总额，给予融资总额0.5%的补贴，最高补贴300万元。

对不在海沧区进行工商登记注册和税收登记，以融资租赁方式在海沧区租赁大型生产设备（单台套价格200万元及以上）的企业，前三年按每台（套）设备年租赁费用的6%、后两年按3%给予补贴；单一年度单一企业最高补贴50万元。对在海沧区进行工商登记注册和税收登记，以融资租赁方式在海沧区租赁大型生产设备（单台套价格 200 万元及以上）的企业，前三年按每台（套）设备年租赁费用的 12%、后两年按 6%给予补贴；单一年度单一企业最高补贴 200 万元。

浙江省人民政府办公厅关于加快融资租赁业发展的实施意见

发布文号：浙政办发〔2016〕112 号

发布时间：2016 年 9 月 3 日

施行时间：2016 年 9 月 3 日

内容提要：《浙江省人民政府办公厅关于加快融资租赁业发展的实施意见》（以下简称《意见》）提出，将融资租赁业列为浙江省优先发展产业，到 2020 年，力争每个市设立融资租赁企业不少于 3 家；培育 20 家左右注册资本超 10 亿元、租赁资产超 100 亿元的融资租赁龙头企业；全省融资租赁经营收入年均增长 20%以上，市场渗透率达到 15%左右，成为全省投融资体系的主要组成部分和实体经济的重要支撑。

《意见》提出，将融资租赁行业纳入省投融资对接服务机制范围，推进融资租赁行业对接政府和社会资本合作（PPP）项目库，鼓励融资租赁与 PPP 融资模式相结合；支持内资融资租赁公司利用外债，调整内资融资租赁公司外债管理政策；通过省转型升级产业基金及参股的区域基金与社会资本、金融资本合作，推动设立市场化运作的融资租赁产业基金。

云南省人民政府办公厅关于促进金融租赁行业发展的实施意见

发布文号：云政办发〔2016〕95 号

发布时间：2016 年 9 月 8 日

施行时间：2016 年 9 月 8 日

内容提要：云南省人民政府办公厅发布了《关于促进金融租赁行业发展的实施意见》（以下简称《意见》），明确鼓励和引导符合条件的各类社会资本在云南省发起设立金融租赁公司，支持金融租赁公司开拓国际市场，支持金融租赁公司开展跨境人民币业务，给予金融租赁公司跨境人民币融资额度。

根据《意见》，云南省将充分发挥金融租赁提高资源配置效率、增强产业竞争能力和推动产业结构调整的引擎作用，支持金融租赁公司根据业务发展需要增资扩股，并在条件适合时推进混合所有制改革。同时，鼓励金融租赁公司利用境内综合保税区、自由贸易试验区现行税收政策和境外优惠政策，设立专业子公司开展金融租赁业务，提升专业化经营服务水平；支持金融租赁公司开拓国际市场，积极参与云南企业"走出去"战略，为云南省对外经济合作提供配套服务；鼓励金融租赁公司发挥融资便利、期限灵活、财务优化等优势，加大对科技型、创新型、创业型中小微企业支持力度；支持符合条件的金融租赁公司发行小微企业金融债券；鼓励各级政府采取奖励、风险补偿等措施，引导金融租赁公司加大对中小微企业融资支持力度，适当提高中小微企业金融租赁业务不良资产容忍度；鼓励各级政府在提供公共服务、推进基础设施建设和运营中购买金融租赁服务。《意见》同时将金融租赁方式进行的企业技术改造和设备购置纳入鼓励政策适用范围。

为增强金融租赁行业持续发展动力，云南省允许符合条件的金融租赁公司上市和发行优先股、次级债，丰富金融租赁公司资本补充渠道；允许符合条件的金融租赁公司采取发行债券和资产证券化等方式多渠道筹措资金；支持金融租赁公司开展跨境人民币业务，给予金融租赁公司跨境人民币融资额度；支持金融租赁公司参与组建市场化的租赁登记流转平台，通过构建活跃的交易平台，盘活存量金融租赁资产，优化资产结构配置。此外，云南省还将运用外汇储备委托贷款等多种方式，加大对符合条件金融租赁公司的支持力度。

天津市发展改革委、市金融局关于印发天津市融资租赁业发展"十三五"规划的通知

发布文号：津发改规划〔2016〕843 号

发布时间：2016 年 9 月 13 日

施行时间：2016 年 9 月 13 日

内容提要：《天津市融资租赁业发展"十三五"规划》（以下简称《规划》）提出，到 2020 年底，力争全市租赁业（含金融租赁公司和内、外资融资租赁公司）总资产突破 1.4 万亿元，租赁资产突破 1.2 万亿元。"十三五"期间，全市租赁公司总资产和租赁资产年均增速保持在 15%以上；金融租赁公司（含专业子公司）力争达到 15 家；总资产超 100 亿元的租赁公司超过 25 家。

《规划》还明确提出"十三五"期间租赁业改革发展的主要任务和工作措施。加快建设国家租赁创新示范区，发挥辐射带动作用；构建多元租赁机构体系，增强集中集聚效应；推动管理经营创新，优化行业发展模式；推动产品服务创新，加大服务实体经济力度；推动融资租赁业国际化发展，服务对外开放战略；拓宽租赁公司融资渠道，支持企业可持续发展；积极争取先行先试政策，支持行业创新发展；加强行业基础设施建设，提高配套服务水平；健全风险防控体系，促进行业健康发展。

《规划》的出台有利于全面推动天津市租赁业创新发展，同时也是天津市落实《国务院办公厅关于加快融资租赁业发展的指导意见》（国办发〔2015〕68 号）和《国务院办公厅关于促进金融租赁行业健康发展的指导意见》（国办发〔2015〕69 号）要求的重要举措，为"十三五"期间融资租赁行业巩固发展优势、突破发

展瓶颈、聚集资源人才、开拓国际市场、再创政策制度新优势、加快国家租赁创新示范区建设提供了时间表、路线图和任务单，将对全市融资租赁行业健康发展产生积极的指导和引领作用。

贵州省关于降低企业融资成本的若干措施

发布文号：黔府金发〔2016〕20 号

发布时间：2016 年 9 月 23 日

施行时间：2016 年 9 月 23 日

内容提要：为贯彻落实中央供给侧结构性改革部署，切实降低企业尤其是小微企业融资成本，增强金融支持实体经济能力，根据省政府工作安排，省政府金融办、省财政厅、人民银行贵阳中心支行、贵州银监局、贵州证监局、贵州保监局共同研究制定了《关于降低企业融资成本的若干措施》。其中提到，对购入设备租赁给省内企业使用的融资租赁公司以及购入生产设备用于符合贵州省产业导向领域和从国（境）外购买大型先进设备的融资租赁公司，按照合同履行金额的一定比例给予奖励。

兴安盟行政公署办公厅关于加快融资租赁业发展的实施意见

发布文号：兴署办发〔2016〕79 号

发布时间：2016 年 10 月 10 日

施行时间：2016 年 10 月 10 日

内容提要：为贯彻落实《内蒙古自治区人民政府办公厅关于加快融资租赁业发展的实施意见》，推动兴安盟融资租赁业发展，更好地发挥融资租赁服务实体经济发展、促进经济稳定增长和转型升级的作用，提出了如下实施意见：第一，培育融资租赁市场主体。鼓励吸引境内外各类投资商来兴安盟设立融资租赁公司。第二，支持融资租赁创新发展。支持融资租赁公司与互联网融合发展，加强与其他金融机构合作，增强融资租赁业的金融服务功能。第三，围绕国家"一带一路"战略，以融资租赁开拓国外市场，开展跨境租赁。

河南省人民政府办公厅关于促进融资租赁业发展的实施意见

发布文号：豫政办〔2016〕181 号

发布时间：2016 年 10 月 13 日

施行时间：2016 年 10 月 13 日

内容提要：《河南省人民政府办公厅关于促进融资租赁业发展的实施意见》明确了河南省推进融资租赁业发展的总体要求、主要任务、具体措施。这是河南省政府出台的第一个关于融资租赁的文件，也是指导河南省今后一个时期融资租赁发展的纲领性文件，对于培育发展融资租赁企业，解决制约融资租赁行业发展的突出问题，做大做强融资租赁业，更好地发挥融资租赁在服务实体经济、推动产业转型升级、拓宽中小微企业融资渠道等方面的作用具有重要意义。

山西省人民政府办公厅关于加快推进融资租赁业发展的实施意见

发布文号：晋政办发〔2016〕142号

发布时间：2016年10月18日

施行时间：2016年10月18日

内容提要：山西省融资租赁业还处于起步阶段，各级政府和企业对融资租赁业认知度不高，缺少具有一定规模的本土融资租赁企业，融资租赁还没有成为企业融资的重要手段。当前山西省正处在"十三五"开局的关键时期，必须进一步提高各级政府和企业对融资租赁重要作用的认识，加快发展外商投资融资租赁公司、内资试点融资租赁公司、金融租赁公司及特殊项目公司等行业主体，力争到2020年形成10家注册资本超10亿元、业务量超100亿元、纳税超1亿元、专业特色鲜明的龙头骨干企业，融资租赁业市场渗透率达到5%以上，融资租赁资产规模占全国比重显著提高，统一、规范、有效的事中事后监管体系基本建立，法规政策扶持体系初步形成，融资租赁成为全社会投融资体系中的重要组成部分。

阳江市人民政府办公室关于印发阳江市推进融资租赁业发展实施方案的通知

发布文号：阳府办〔2016〕25号

发布时间：2016年10月31日

施行时间：2016年10月31日

内容提要：阳江市印发《阳江市推进融资租赁业发展实施方案》（以下简称《方案》），提出加快培育阳江市融资租赁经营主体，加快重点领域融资租赁发展，力争到2020年，融资租赁业务领域覆盖面不断扩大，企业运用融资租赁方式程度明显提高，全市融资租赁行业初具规模。

《方案》提出，要大力培育市场主体，鼓励和引导阳江市刀剪机械制造业、装备制造业和大型工程等具有产业背景的大型企业设立厂商系融资租赁公司。鼓励引导各类资本发起设立第三方融资租赁公司，以五金刀剪行业为突破口，探索开展设备租赁业务试点。支持外地融资租赁公司在阳江市设立分支机构或特殊项目公司。到2020年，在阳江市引进和培育3至5家实力雄厚、与实体经济连接紧密的融资租赁企业，培育1家市属国有融资租赁企业。

《方案》明确，要积极推进重点领域与融资租赁融合发展，积极推动融资租赁公司参与阳江市港口、码头、机场、铁路公路、水电气供给等基础设施建设；鼓励融资租赁企业服务阳江市经济开发区、产业园区建设；支持融资租赁企业参与移动互联网大数据、智能制造装备、镍合金、新能源等新兴产业融合；引导融资租赁公司与阳江市刀剪机械制造业深度融合；鼓励融资租赁业支持阳江市现代农业发展、医疗设备、文化产业等领域的融资租赁业务。

天津市商务委、市国税局关于确认天津潍莱岛租赁有限公司等 6 家企业为天津自由贸易试验区第二批内资融资租赁试点企业的通知

发布文号：津商务流通〔2016〕28 号

发布时间：2016 年 11 月 8 日

施行时间：2016 年 11 月 8 日

内容提要：根据《商务部、税务总局关于天津等 4 个自由贸易试验区内资租赁企业从事融资租赁业务有关问题的通知》（商流通函〔2016〕90 号）和《天津市商务委、市国税局关于天津自由贸易试验区内资租赁企业从事融资租赁业务有关问题的通知》（津商务流通〔2016〕9 号）文件精神，市商务委、市国税局对天津自由贸易试验区三个片区报送的内资融资租赁试点企业材料进行了审核。经审核，天津潍莱岛租赁有限公司等 6 家企业符合试点条件，同意其作为天津自由贸易试验区第二批内资融资租赁试点企业。

2016年行业大事记

1月5日，国际会计准则委员会（IASB）颁布了新的租赁会计准则——《国际财务报告准则16号——租赁》，定于2019年1月1日正式生效。按照中国财政部会计司的相关安排，中国租赁会计准则将与IASB16新准则趋同，在2018年底之前完成相关准备工作。

1月5日，广西投资集团旗下广西融资租赁有限公司举行揭牌暨签约仪式，注册资本为3000万美元。该公司是经广西壮族自治区政府特批、首家以"广西"冠名的国有控股中外合资融资租赁公司。

1月6日，中国人民银行联合国家质检总局和国家标准委召开发布会，发布了《银行营业网点服务基本要求》《银行营业网点服务评价准则》《银行业产品说明书描述规范》《银行业客户服务中心基本要求》《银行业客户服务中心服务评价指标规范》《商业银行客户服务中心服务外包管理规范》《商业银行个人理财服务规范》《商业银行个人理财客户风险承受能力测评规范》和《金融租赁服务流程规范》等9项金融国家标准，新标准将于6月1日实施。

1月6日，广东融通融资租赁有限公司与大连机床集团（东莞）科技孵化有限公司以高端设备"高速钻攻中心"为标的物，开展了总额为5800万元的融资租赁业务。该项目是东莞"机器换人"政策颁布以来最大的一笔融资租赁项目。

1月7日，《中国（天津）自由贸易试验区条例》（以下简称《条例》）公布施行。《条例》共8章58条，从管理体制、投资开放、贸易便利、金融创新、服务京津冀协同发展、营商环境等方面，对推进天津自贸试验区建设进行全面保障和规范。《条例》立足于自贸试验区"为国家试制度、为区域谋发展"的基本定位，通篇体现了"制度创新、先行先试"的特色。

1月7日，内蒙古自治区人民政府办公厅印发《关于加快融资租赁业发展的实施意见》。

1月8日，业内首家主板上市公司渤海租赁公示了160亿元定增募资的最新进展，称其向海航资本等8家认购对象所募160亿元，扣除发行成本1.6亿元后，所余净额158.4亿元，已于2015年12月30日全部到位。根据募资用途，其中33.93亿元将用于增资天津渤海，以开拓境内业务。由此，天津渤海租赁注册资本为内资试点租赁公司中注册资本最高的公司，其资产规模也有望突破千亿元。

1月9日，在山东金融租赁业发展研讨会上，新近成立的山东汇通金融租赁有限公司与国家开发银行、中国工商银行、中国农业银行及交通银行等4家大型银行签署战略合作协议，这意味着山东首家金融租赁公司进入实质性运营阶段。

1月12日，北京市发布《关于在全市范围内暂停投资类企业登记的通知》，明确提出，暂停登记项目投资、股权投资、投资管理、投资咨询、资本管理、资产管理、融资租赁等投资类经营项目。

1月15日，《国务院关于印发推进普惠金融发展规划（2016—2020 年）的通知》中提出，鼓励金融租赁公司和融资租赁公司更好地满足小微企业和涉农企业设备投入与技术改造的融资需求。

1月15日，中国飞机租赁与海航系两公司达成 4 架飞机租赁意向。中国飞机租赁宣布与海航集团旗下的祥鹏航空和西部航空，分别达成两架 A320CEO 飞机租赁意向。4 架飞机预期于 2016 年内交付。

1月16日，陕西省副省长王莉霞会见中国租赁联盟召集人杨海田。王莉霞认为，融资租赁直接服务于实体经济，能将金融服务精准延伸到实体经济迫切需要的环节，促进产融结合，化解融资困难，推动创业创新，是陕西省着重发展的重要产业。杨海田表示，中国租赁联盟愿加强与陕西同行的合作，合力打造中国融资租赁业西部创新服务基地。

1月18日，中车投资租赁有限公司正式揭牌。中国中车董事长崔殿国、总裁奚国华为租赁公司揭牌，中国中车副总裁楼齐良在揭牌仪式上发表讲话。

1月19日，扬州经济开发区市场监督管理局为扬州协鑫光伏科技有限公司办理融资租赁设备的动产抵押登记，成功帮助企业融资 2.44 亿元。

1月20日，受"易租宝"事件的影响，北京新三板宣布暂停融资租赁企业等的挂牌工作，并通知各家券商，要求其暂停审理包括融资租赁在内的所有"类金融"企业的挂牌手续。

1月20日，浙江省租赁行业协会携手广发恒进租赁基金，支持国内首只市场化融资租赁产业基金面世。2015 年 12 月 30 日，浙江省租赁行业协会曾与广发证券资产管理（广东）有限公司、上海广发恒进股权投资基金管理有限公司就浙江租赁产业基金及综合金融服务等方面签订战略合作协议。

1月21日，河北省人民政府办公厅印发《关于加快融资租赁业发展的实施意见》。

1月21日，安徽皖新融资租赁有限公司资产证券化项目发行总结会暨增资签约仪式举行。安徽省委宣传部副部长董庆、安徽新华发行集团董事长曹杰、六安市领导出席签约仪式。

1月22日，安徽省人民政府办公厅印发《关于加快融资租赁和典当行业发展的实施意见》。

1月22日，国家外汇管理局广东省分局印发了《推进中国（广东）自由贸易试验区广州南沙新区、珠海横琴新区片区外汇管理改革试点实施细则》，内容涵盖经常项目、资本项目、外汇市场、跨国公司外汇资金集中运营等多项外汇创新业务。其中包括，融资租赁企业可收外币租金。

1月22日，中国天津租赁平台、中国金融租赁登记流转平台将落地天津自贸区。在天津自贸区 2016 年首场新闻发布会上，天津自贸区管委会专职副主任蒋光建表示，目前两个平台已经开始筹建，具体方案已上报国务院。

1 月 23 日，中国人民银行发布关于扩大全口径跨境融资宏观审慎管理试点的通知。根据《中华人民共和国中国人民银行法》等法律法规，为把握与宏观经济热度、整体偿债能力和国际收支状况相适应的跨境融资水平，控制杠杆率和货币错配风险，实现本外币一体化管理，中国人民银行在总结前期区域性、地方性试点的基础上，扩大全口径跨境融资宏观审慎管理政策试点。

1 月 23 日，吉林开展农机金融租赁试点和农机具抵押贷款购机。为大幅减轻农民购机资金压力，解决广大农民购机贷款难、贷款贵的问题，加快推进吉林省农业机械化发展，省农委与中国农业银行全资子公司"农银金融租赁公司"和省农行，就在吉林省开展农机金融租赁试点和农机具抵押贷款购机工作签订战略框架协议。

1 月 27 日，工业和信息化部中小企业发展促进中心与"融租之家网"为了深入贯彻落实《国务院办公厅关于加快融资租赁业发展的指导意见》，发挥融资租赁服务实体经济发展、促进经济稳定增长和转型升级的作用，联合多部委共同研讨了 2016 年和今后一个时期的融资租赁服务中小微企业的工作。

1 月 29 日，吉林省人民政府办公厅印发《关于加快融资租赁业发展的实施意见》。

1 月 29 日，海关总署发布《关于修订飞机经营性租赁审定完税价格的公告》。

1 月 30 日，福建省晋融智能装备融资租赁有限公司在晋江市区举行开业庆典暨签约揭牌仪式。业内人士认为，这家融资租赁公司的开业将开拓泉州金融板块新局面。

2 月 2 日，天津市政府在天津市工业和信息化暨国防科技工业工作会议上透露，天津财政将筹集 30 亿元资金，支持全市 1000 余家企业进行技术装备改造，从而拉动投资超过 100 亿元。

2 月 2 日，中国工商银行在全国银行间债券市场成功承销发行境内首只绿色金融债券。该债券总发行规模为 100 亿元，期限 3 年，最终票面利率为 2.95%，全场认购倍数近 2 倍，发行取得圆满成功。

2 月 6 日，总部位于上海的君创国际融资租赁有限公司开业。恒信租赁前CEO（首席执行官）、中国外商投资企业协会租赁业工作委员会会长李思明出任君创租赁董事长兼总经理。君创租赁实收资本金 15 亿元。

2 月 7 日，为加快推进供给侧结构性改革，充分发挥市场机制作用，鼓励企业通过融资租赁方式加快装备改造升级、提高技术装备水平、提升发展质量效益，天津市人民政府办公厅印发《支持企业通过融资租赁加快装备改造升级实施方案及配套文件的通知》。

2 月 14 日，国家税务总局发布《关于合理简并纳税人申报缴税次数的公告》。该公告自 2016 年 4 月 1 日起施行。

2 月 14 日，内蒙古决定设立融资租赁业发展基金，向融资租赁公司提供融资及其他增值服务，引导民间资本加大对融资租赁业的投入，支持融资租赁业加快发展壮大。

2 月 16 日，中国最大的独立经营性飞机租赁商中国飞机租赁集团控股有限公司与中国建设银行股份有限公司上海市分行就资产变现及债券发行订立为期两年的战略合作框架协议，当中包括最多 15 架飞机的出售飞机租赁应收账款。

2 月 18 日，郑州银行发布公告称，中国银行业监督管理委员会已于近期批准筹建由郑州银行持股 51% 的河南九鼎金融租赁股份有限公司。

2 月 19 日，远东宏信集团公告称，将向广发证券资产管理（广东）有限公司出售于融资租赁享有的权利及权益（基础资产），涉及金额共 18 亿元。紧随支付代价后，集团将不再拥有基础资产的权利或权益。预期集团于出售事项完成后将实现收益净额约 790 万元，出售所得款项净额将用于未来融资租赁交易。

2 月 19 日，山东省人民政府办公厅发布《关于贯彻国办发〔2015〕68 号文件加快融资租赁业发展的实施意见》。

2 月 22 日，国务院发布关于同意开展服务贸易创新发展试点的批复，其中提到鼓励金融机构积极创新适合服务贸易特点的金融服务，扩大出口信用保险保单融资，大力发展供应链融资、海外并购融资、应收账款质押贷款和融资租赁等业务。

2 月 27 日，银监会发布《中国银监会关于筹建贵阳贵银金融租赁有限责任公司的批复》，同意贵阳贵银金融租赁公司的筹建。其注册资本为 20 亿元，由贵阳银行作为主发起人出资 13.4 亿元，占股比例为 67%；中国贵州茅台酒厂（集团）有限责任公司出资 4 亿元，占股比例为 20%；贵州长征天成控股股份有限公司出资 2.6 亿元，占股比例为 13%。

3 月 2 日，中国租赁联盟召集人杨海田对媒体表示，"十三五"时期，中国融资租赁业有望每年继续保持 30% 左右的增长速度。预计 2016 年全国融资租赁业务总量即可超过 5 万亿元。天津滨海新区作为我国最大的融资租赁集聚区，将针对经济增长中产业调整、产能转移、产品升级、外贸出口、解决中小企业资金瓶颈等一系列重要问题，发挥行业的独有优势，使租赁业成为推进天津经济增长的一个新的强力引擎。为此，组建一个立足天津、服务全国、面向世界的融资租赁资产交易市场的条件已经成熟，该市场交易规模将达到 4 万亿元，成为继上海证交所、深圳证交所、北京新三板之后我国第四大金融交易机构。

3 月 3 日，天津市公证协会和天津市租赁行业协会合作协议签约仪式暨公证服务融资租赁座谈会在天津市公证协会举行。天津市司法局、天津市公证协会、天津市租赁行业协会、部分融资租赁公司参加了会议。

3 月 10 日，天津市融资租赁机构支持企业加快装备改造升级政策实施后，首批共有 396 家企业报送项目 410 个，涉及总投资 551.4 亿元，融资租赁资金需求达 246.7 亿元。其中，滨海新区的企业最多，融资需求达 120.9 亿元；其次是涉农区县，融资需求 69.7 亿元。

3 月 12 日，云南省人民政府办公厅发布《关于促进融资租赁业发展的实施意见》。

3 月 14 日，国泰租赁有限公司获国家发改委批准，发行山东省首只融资租赁企业债券，成为山东省发展以融资租赁企业债券为代表的科技金融的一个最新案例。

3 月 16 日，浙江省商务厅牵头召开融资租赁行业发展座谈会，征求有关部门对《浙江省加快融资租赁业发展实施方案（征求意见稿）》的修改意见。

3 月 17 日，商务部、税务总局发布《关于天津等 4 个自由贸易试验区内资租赁企业从事融资租赁业务有关问题的通知》，将注册在自贸区内的内资租赁企业从事融资租赁业务试点确认工作委托给各自贸区所在的商务主管部门和国税局。

3 月 18 日，广州市促进融资租赁政策发布暨天合租赁首单跨境租赁飞机交付仪式举行。此次交付标志着广州市实现了首单跨境飞机资产包交易，是广州市首次从境外租赁结构变为境内租赁结构的飞机租赁业务，对进一步提高广州市租赁业结构设计和业务创新能力、推动广州市租赁市场的发展具有重要而积极的影响。

3 月 18 日，湖南省工程机械租赁服务行业协会在长沙国际学术交流中心成立，曹勇担任协会会长，省民政厅社会组织管理局局长方明等出席。

3 月 19 日，江西省人民政府办公厅印发《关于加快我省融资租赁业发展若干措施的通知》。

3 月 21 日，中国人民银行、民政部、银监会、证监会、保监会联合印发《关于金融支持养老服务业加快发展的指导意见》。《文件》提出，到 2025 年，基本建成与我国人口老龄化进程相适应、符合小康社会要求的金融服务体系。同时，鼓励金融租赁公司开发适合养老服务业特点、价格公允的产品，提供融资租赁等金融服务。

3 月 23 日，由郑州银行发起成立的河南九鼎金融租赁股份有限公司正式开业，郑州市金融租赁类非银行金融机构的空白由此被填补。郑州市委常委、常务副市长孙金献出席开业仪式。

3 月 23 日，财政部、国家税务总局发布《关于全面推开营业税改征增值税试点的通知》。自 5 月 1 日起，全行业营改增试点开始。同时规定，将融资租赁售后回租业务认定为"贷款服务"，税率为 6%；不动产租赁税率为 11%；有形动产租赁税率为 17%。

3 月 26 日，由陕西省商务厅主办、西安经开区管委会承办的"陕西·西安经开融资租赁人才培训班（首期）"正式开班。开班仪式由经开区管委会主任杨安定主持，经开区党工委书记贾生林致辞，省商务厅副巡视员冯保安授予经开区"陕西省融资租赁产业培训基地"称号。

3 月 31 日，重庆市市长黄奇帆主持召开市政府第 121 次常务会议，审议通过《重庆市人民政府办公厅关于加快融资租赁业发展的实施意见》。

3 月 31 日，国家税务总局发布《纳税人提供不动产经营租赁服务增值税征收管理暂行办法》，该办法自 2016 年 5 月 1 日起施行。

4 月 7 日，天津市金融局组织天津市 11 家有代表性的融资租赁机构召开座谈会。与会租赁公司分别介绍了各融资租赁机构支持企业加快装备改造升级工作的情况和对接案例，对加强行业统计监测工作和促进融资租赁业的进一步发展提出建议。

4 月 7 日，广东省商务厅印发《关于支持广东自贸试验区创新发展的实施意见》，支持融资租赁行业发展。

4 月 7 日，广州市人民政府办公厅印发《关于进一步加快融资租赁业发展工作方案的通知》。

4 月 8 日，平安银行天津自由贸易试验区分行正式开业。该行成为天津自贸区内唯一一家一级分行，标志着平安银行完成在天津自贸区的机构和业务布局。开业当日，该行各项存款余额达 120 亿元，其中跨境人民币存款超过 50 亿元。

4 月 8 日，江苏省政府办公厅发布《关于加快融资租赁业发展的实施意见》。

4 月 9 日，经银监会批准，河北省金融租赁有限公司完成增资 15 亿元。增资完成后，该公司的注册资本总额提升至 30 亿元。本次增资将为河北省金融租赁有限公司下一步的发展提供充足的资本支持，增强其自身综合竞争力。

4 月 11 日，天津市商务委、市国税局发布《关于天津自由贸易试验区内资租赁企业从事融资租赁业务有关问题的通知》。

4 月 13 日，上海自贸区与爱尔兰香农自由区签署战略合作备忘录。双方将在飞机融资租赁、航空产业链、跨境投资、融资租赁配套产业、跨境电子商务五方面探索合作模式。

4 月 14 日，福建海西金融租赁有限责任公司由中国银监会批准筹建。这是福建省第一家金融租赁公司，是泉州金改区建设取得的重要成果。

4 月 15 日，湖北省融资租赁行业协会在会长单位武汉中泰和融资租赁有限公司举行了在汉融资租赁企业领导人及业务骨干人员座谈会。座谈会邀请了我国融资租赁行业著名专家姜仲勤。姜仲勤就当前经济发展新常态下融资租赁公司怎样健康发展、如何在当前银行利率普遍下调的情况下做出融资租赁的特色等一些专业、热点问题进行座谈。

4 月 16 日，厦门自贸片区某融资租赁企业为深圳航空公司引进的租赁飞机降落厦门高崎机场。这标志着厦门自贸片区在厦门航空公司开展飞机租赁业务基础上，首次实现了为异地航空公司引进租赁飞机。

4 月 26 日，徐州恒鑫金融租赁股份有限公司获中国银监会批准筹建。这是由银监会同意批准筹建的首家由清洁能源企业作为主发起人设立的金融租赁企业，也是徐州市第一家全国性金融租赁机构。

4 月 27 日，兴业银行公布 2015 年年报称，截至 2015 年末，兴业金融租赁总资产 1104.45 亿元，较期初增加 359.52 亿元，税前利润 15.84 亿元，拨备覆盖率 325.41%。

5 月 3 日，中金国际融资租赁（天津）有限公司在天津空港经济区注册成立，注册资本 20 亿欧元（约合人民币 147 亿元）。中金国际租赁注册资本在业内仅次于天津渤海租赁的 150 亿元，居全国第二位。

5 月 3 日，中铁建金融租赁有限公司获银监会批准筹建。这是落户天津滨海新区的首家由央企发起设立的厂商型金融租赁公司，也是入驻东疆保税港区的首家金融租赁公司。

5 月 5 日，渤海租赁斥资 25.55 亿美元完成了对飞机租赁企业 Avolon 的收购，这是渤海租赁五年内完成的第四个海外并购案例。正是借助业务模式创新、海外并购等手段，渤海租赁实现了从注册资本 1 亿元到 150 亿元的飞跃，一举成为国内最大的融资租赁公司。如今，渤海租赁的海外业务已经占到整体业务的 70%，海外资产也占到总资产的 67%。

5 月 5 日，兴业金融租赁有限公司向全国银行间债券市场成员发行规模为 21.56 亿元的"金信 2016 年第一期租赁资产支持证券"。各档证券全场获得 4.18 倍超额认购。

5 月 5 日，中民国际融资租赁股份有限公司完成增资计划，注册资本由 30 亿元增至 45 亿元，新增资本金全部实缴到位，并于当日完成工商变更登记，获取新的营业执照。

5 月 9 日，融资租赁财税专委会在北京正式成立。财税专委会由融资租赁企业主管财务工作的高管和业内专家共同发起设立，旨在加强融资租赁相关财税问题的实务交流和理论研究，为完善行业发展环境提供政策建议。

5 月 12 日，永富融资租赁有限公司、华顺融资租赁有限公司两家公司获浙江省商务厅批准设立。这是平湖市首次批准设立的外商投资融资租赁企业。这两家企业的落户，填补了平湖市外商投资融资租赁业的空白。两家公司设立后，将新增 5700 万美元的注册资本及 1425 万美元的合同外资。

5 月 13 日，泉州市出台《关于推动融资租赁服务我市高端装备制造业发展若干措施》。文件指出，对购买泉州市辖区内企业生产的、经专家评审认定的高端装备设备，对在泉州市开展业务的融资租赁企业（包括金融租赁公司、内资融资租赁公司和外资融资租赁公司），从财政贴息、风险补偿等六方面给予政策扶持。

5 月 13 日，江苏金融租赁发布了 IPO（首次公开募股）预披露文件。这也是首家登陆我国内地主板市场的金融租赁企业。

5 月 13 日，重庆市人民政府办公厅发布《关于加快融资租赁业发展的实施意见》，旨在促进重庆市融资租赁业持续健康快速发展，更好地发挥融资租赁服务实体经济发展、推动经济稳定增长和转型升级的作用。

5 月 14 日，在西安国际港务区 2016 年现代服务业集中签约仪式上，"中国租赁业西部创新服务基地"正式挂牌。

5 月 15 日，在丝博会暨西洽会的集中签约仪式上，西安国际港务区签约了 10 个融资租赁项目，签约金额达到 100 亿元。这些项目的签约落地，将为国际港务区建设陕西融资租赁业聚集区、打造西部融资租赁产业高地奠定基础。

5 月 17 日，福建省人民政府办公厅发布《关于促进融资租赁业发展的意见》，旨在促进融资租赁业（含金融租赁）加快发展，推动产业转型升级和供给侧结构性改革，加大对中小微企业的支持力度，服务实体经济。

5 月 17 日，国务院办公厅印发《关于加快培育和发展住房租赁市场的若干意见》，全面部署加快培育和发展住房租赁市场工作。文件指出，要以建立购租并举的住房制度为主要方向，健全以市场配置为主、政府提供基本保障的住房租赁体系，支持住房租赁消费，促进住房租赁市场健康发展。

5 月 18 日，工银租赁再次以 144A 条例在全球进行债券发行，规模达 13 亿美元。这是工银租赁 2015 年建立的境外中期票据计划下的第二次发行。此次债券的成功发行进一步优化了工银租赁的资产负债结构，强化了工银租赁在国际资本市场的专业品牌形象，为工商银行境外租赁业务的快速稳健发展提供了资金支持。

5 月 18 日，"融聚智慧共创价值"长江经济带金融租赁公司合作研讨会在南京举行，来自全国各地 17 家金融租赁公司的高层管理者参加了研讨会，并成立了"长江经济带金融租赁公司合作联盟"。

5 月 18 日，福建省经信委、商务厅在福州联合举办"2016 年制造业与融资租赁业对接洽谈会（第一期）"，围绕项目与资本搭建制造业与融资租赁业对接合作平台。据两部门初步统计，共有 6 家制造业企业与 4 家融资租赁企业达成初步合作意向，涉及融资金额 6400 万元。

5 月 20 日，天津轨道交通集团融资租赁有限公司在东疆保税港区成立。该公司由天津轨道交通集团有限公司和广运设备有限公司合资成立，注册资本 10 亿元。

5 月 20 日，深圳银监局批复，同意深圳农村商业银行发起设立金融租赁公司，注册资本拟定为 15 亿元。

5 月 24 日，苏州金融租赁公司与洪泽县政府正式签署了金融租赁支持"三农"战略合作协议，并与农业合作社、种粮大户代表签下合作意向书。媒体称，此举不仅将把价值 300 多万元的农业机械在 6 月农忙前送进农户家，也将拉开洪泽县金融改革创新的大幕。

5 月 24 日，中航租赁向新加坡 Zetta Jet 公司交付了一架加拿大庞巴迪公司生产的全新 Global 6000 公务机。此架飞机的交付标志着中航租赁首单全境外飞机租赁项目（即出租人、承租人及融资银行均在中国境外）的圆满完成。同时，这也是中航租赁继 2015 年与 EDC（加拿大出口信贷）首次合作后的又一次深度携手，为下一步拓展海外项目提供了实践范例。

5 月 25 日，内蒙古自治区人民政府办公厅发布《关于促进全区金融租赁行业健康发展的实施意见》，旨在加快自治区租赁行业发展，提高金融服务实体经济的能力。

5 月 26 日，中民国际融资租赁股份有限公司发布公告，第二期租赁资产证券化产品"广发恒进——中民国际租赁 2 期资产支持专项计划"正式成立，并将于近日在上海证券交易所挂牌转让，专项计划发行规模为 8.5 亿元。

5 月 30 日，第十届中国企业国际融洽会"融资租赁论坛"在天津召开。针对一些部门借"易租宝"事件对融资租赁业的非难，中国租赁联盟召集人、经济学家杨海田发言指出，任何偏见和打压都阻止不了中国融资租赁业的形成和发展。市金融局、市商务委、市银监局、东疆保税港区管委会、市租赁行业协会、市工商联国际会议展览商会等有关方面负责人和全国几十家租赁企业到会。

6 月 1 日，工银租赁成功向厦门航空交付一架波音 B737-800 飞机。至此，工银租赁航空交付的飞机资产数量达 300 架，公司经营和管理的飞机总规模达到 544 架，其中待交付飞机 244 架。

6 月 3 日，平安国际融资租赁有限公司于空中客车汉堡交付中心向 LATAM 航空集团交付首架空客 A321 系列飞机。这次交付是平安集团在全球航空租赁市场布局的开端。

6 月 7 日，渤海金控投资股份有限公司发布对外投资公告称，渤海金控全资子公司天津渤海租赁有限公司以自有资金现金方式，出资在中国（广东）自由贸易试验区广州南沙新区片区设立 10 家 SPV，借助南沙自贸区政策优势拓展公司租赁业务。

6 月 7 日，远东国际租赁有限公司成功在交易商协会注册了 ABN（信托型资产支持票据），拔得国内市场信托型企业资产证券化产品的头筹。这将有效降低企业融资成本，丰富企业融资渠道和改善资本结构。

6 月 8 日，工银金融租赁有限公司所设 SPV——天源（天津）飞机租赁有限公司，在天津自贸区天津东疆保税港区取得营业执照。至此，在东疆保税港区注册的 SPV 已经达到 1000 家。

6 月 8 日，德润融资租赁（深圳）有限公司联合安徽德润融资租赁股份有限公司作为原始权益人，共同发起"德润租赁资产支持专项计划"，并在上海证券交易所挂牌交易，标志着前海首单租赁资产证券化项目落地。这也是广东自贸区内首单租赁资产证券化项目。

6 月 8 日，河南省人民政府办公厅发布《关于促进金融租赁行业健康发展的实施意见》。

6 月 12 日，广东省人民政府办公厅发布《关于加快融资租赁业发展的实施意见》，计划到 2020 年，融资租赁业务领域覆盖面不断扩大，融资租赁市场渗透率显著提高，基本形成以广东自贸试验区为龙头、东莞佛山等珠三角城市为支撑、粤东西北有关城市积极参与的融资租赁发展格局，广东融资租赁业竞争力位居全国前列，形成服务全省、辐射华南、联通港澳、面向全球的融资租赁业发展高地。

6 月 13 日，比亚迪国际融资租赁（天津）有限公司在东疆保税港区成立。公司由深圳比亚迪国际融资租赁有限公司及富亚迪有限公司共同出资，注册资本 3000 万美元。成立后，公司将作为比亚迪股份有限公司在北方重要的融资租赁总部。

6 月 13 日，中央电视台《经济信息联播》栏目播发了《天津滨海新区：融资租赁助力高端制造业发展》，对滨海新区通过融资租赁业务模式创新，使融资租赁成为高端制造业助推器的具体经验、做法进行了报道。融资租赁作为一种新型的金融服务，为不少企业解决了设备难题。通过供给侧改革，滨海新区实现了金融业与制造业的融合发展。

6 月 13 日，西安市人民政府办公厅发布《关于加快融资租赁业发展的实施意见》，充分发挥融资租赁在现代融资服务体系中的功能和作用，强化中小企业融资支撑，培育特色优势产业，推进全市创新创业和实体经济发展。

6 月 14 日，中客车直升机与由中国航空器材集团公司（CAS）和青岛联合通用航空产业发展有限责任公司组成的中方合作伙伴签署了关于在中国青岛西海岸新区中德生态园建立 H135 直升机总装线的框架协议。

6 月 14 日，广东省人民政府办公厅发布《关于金融服务创新驱动发展的若干意见》,努力建设创新型金融机构体系,推动设立主要为创新驱动服务的民营银行、金融租赁、证券公司等创新型法人机构。

6 月 15 日,香港地区市政协委员一行来到中国租赁业创新服务基地考察,中国租赁联盟召集人、中国租赁业创新服务基地负责人杨海田向来访客人介绍了全国融资租赁行业和天津市融资租赁业的发展情况。双方表示,今后津港两地将加强融资租赁行业交流,条件成熟时将举办津港融资租赁业发展论坛。

6 月 15 日,全国人大财经委就两会期间,部分人大代表和政协委员提出的融资租赁立法问题进行回复,表示将会积极推动融资租赁立法工作。

6 月 15 日,佛山市顺德区发布《顺德区促进融资租赁业发展扶持暂行办法》,征求公众意见。文件中提出,顺德将对在辖区内新设的融资租赁机构给予重奖;同时,广大中小企业通过融资租赁方式购买设备或融资的行为将被鼓励,顺德区将给予一定额度的补贴。

6 月 16 日,民生金融租赁计划发行一笔 RegS 美元债券,已授权渣打银行作为独家全球协调人以及瑞信(香港)、工银国际证券和渣打银行作为联合簿记人安排投资者会议。

6 月 16 日,中国中车拟与中车集团公司、兖州煤业股份有限公司、中国国储能源化工集团股份公司、天津信托有限责任公司共同出资设立中车金融租赁有限公司,注册资本拟定为 30 亿元;其中,中国中车出资 12 亿元,占中车金租注册资本的 40%。

6 月 18 日,农银租赁境外平台成功发行了 5 亿美元的 5 年期 s 条例债券。这是农银租赁首次于境外发行美元债券。本次发行由农银国际、农银香港分行、中金公司等 6 家承销商提供发行服务,推动了农银集团的内部联动。

6 月 21 日,中国海航集团举行爱尔兰媒体招待会,中国海航旗下渤海租赁股份有限公司以 25.55 亿美元收购了全球排名第 11 位的飞机租赁公司 Avolon。这次收购,宣告了海航集团正式跨入国际顶级飞机租赁公司行列。加上此前海航并购的世界排名第 6 位和第 8 位的集装箱租赁公司 Seaco 和 Cronos,海航已经成为交通运输行业租赁(集装箱和飞机)领域的全球领导者。

6 月 22 日,天津市河东区商务委召开融资租赁专项对接会,积极对接市、区活动办贯彻落实天津市加快装备改造升级项目管理办法,发挥财政资金的引导作用,支持企业技术改造和设备更新,推动企业通过融资租赁方式加快装备改造升级步伐,提高企业设备更新效率,促进企业转型升级。银行、企业和融资租赁公司等 30 余家单位参加。

6 月 23 日,沈阳市出台《沈阳市人民政府关于进一步降低企业成本减轻企业负担的若干意见》。其中,降低企业融资成本成为各企业关注的焦点。沈阳市将在中德产业园、沈阳经济技术开发区等 14 个重点产业园区以及沈阳机床等企业大力推进融资租赁模式,进一步扩大沈阳市对融资租赁业的有效需求,增加有效供给,重点将通过融资租赁业促进企业技术改造和产业升级。

6 月 24 日,济南市人民政府发布《关于印发济南市加快区域性金融中心建设促进金融业发展若干扶持政策的通知》,明确了促进融资租赁企业发展的扶持政策,首次将融资租赁公司纳入扶持范围。

6 月 26—28 日,在天津举办"世界经济论坛新领军者年会"(第十届夏季达沃斯论坛)期间,广东自贸区南沙新区片区招商工作取得成果,南沙在津开展项目招商活动 53 场次,签署了 3 个重大项目,涉及投资额约 210 亿元。

6 月 27 日,甘肃电投陇能融资租赁公司联合建设银行厦门市分行、建设银行甘肃省分行,以"融资租赁加保理"形式,为甘肃省电力企业发放 3.5 亿元融资款,支持实体项目建设及置换高成本资金。这是甘肃省企业首次运用融资租赁加保理模式引入区域外资金,也是厦门自贸区融资租赁加保理业务的首笔操作。

6 月 27 日,自贸区建设与融资租赁发展座谈会在天津召开。本次座谈会由广东自贸区南沙新区管委会主办,中国租赁联盟和天津滨海融资租赁研究院承办。广东自贸区南沙新区管委会副主任李自根、天津自贸区东疆保税港区管委会副主任张忠东、中国租赁联盟召集人杨海田以及天津市 10 家重点融资租赁企业代表出席了本次座谈会,围绕"自贸区与融资租赁发展"这一主题进行了交流。

6 月 27 日,中国银监会广东监管局批准佛山海晟金融租赁股份有限公司开业。

6 月 28 日,天津市发布《天津市建设北方国际航运核心区实施方案》,积极推动航运融资租赁业务创新,鼓励符合条件的各类社会资本在天津发起设立金融租赁公司,支持金融租赁公司在天津注册成立专门从事交通运输或其他与航运金融有关业务的专业子公司。

6 月 29 日,兴业金融租赁公司经营发展情况汇报会暨与天津经济技术开发区管委会合作备忘录签约仪式在天津开发区举行。合作备忘录的签署是开发区坚持扩大开放格局、深化开放内涵的重要成果,也表明了兴业金融租赁在 2016 年国内经济面临较大下行压力的背景下,启动新一轮 20 亿元增资以支持实体经济建设、进一步深化加强与开发区合作的意愿。

6 月 30 日,南山铝业拟与恒丰银行股份有限公司、君康人寿保险股份有限公司、烟台杰瑞石油服务集团股份有限公司共同出资设立恒丰金融租赁有限公司,拟定注册资本 10 亿元。

6 月 30 日,东莞市在 2016 年非公经济工作会议上,发布了《东莞市开展"亲企清政"工程促进非公经济发展实施方案》和《东莞市关于促进加工贸易创新发展全面提升外经贸水平的实施方案》。两个《实施方案》指出,在融资租赁方面,东莞将设立 2 亿元省市共建融资租赁专项资金，开展设备融资租赁贴息补助和融资风险补偿，建立融资租赁线上线下对接平台，力争 3 年内撬动融资租赁公司、担保公司、银行等金融机构为中小企业提供技改融资不少于 100 亿元。

6 月 30 日，天津银监局批准邦银金融租赁股份有限公司变更注册资本，注册资本增至 30 亿元。

7 月 1 日，有报告显示，中国汽车融资租赁进入黄金发展期，预计汽车金融行业和融资租赁板块在未来 5 年复合增速将分别超过 22% 和 37%，成为汽车产业链上的又一明星市场。

7 月 2 日，厦门自贸区将以航空维修为重点，带动高端制造业发展，同时大力发展航空飞机租赁，并写入《厦门经济特区促进中国（福建）自由贸易试验区厦门片区建设若干规定（草案）》。

7 月 4 日，渤海金控拟通过现金交易的形式购入 GECAS（通用电气金融航空服务公司）旗下规模 45 架飞机的资产包，交易价格约为 130.96 亿元。本次收购完成后，渤海金控以 Avolon 为核心的机队规模将达近 500 架，机队和客户结构将进一步优化，从而巩固公司在全球飞机租赁领域的领先地位，提升公司的核心竞争力。

7 月 4 日，广州市商务委官网正式发布《广州市融资租赁业发展专项资金管理办法》，明确了专项资金的支持范围和方式。文件指出，到 2018 年，力争培育 2 至 3 家注册资本 50 亿元以上融资租赁龙头企业，设立 200 家以上融资租赁企业。

7 月 6 日，广东省经信委对"加大扶持力度支持新一轮技术改造新增专项资金项目计划"进行公示。该项业务开展 3 个月时间，已有 6 家企业获得超过 2800 万元的资金支持。

7 月 7 日，广州目前唯一一家金融租赁公司珠江金融租赁公司牵手国内 15 家金融租赁公司，组建龙舟金融俱乐部，聚焦于业务合作开展、运营标准联合设计、发展环境共同打造等方面。俱乐部成员将在资金端相互授信支持，在资产端的产生、流转、处置过程中深入合作，不排除在资本端探讨相互持股等。

7 月 9 日，天津自贸试验区金融工作协调推进小组举办自贸试验区金融创新案例发布会，围绕"提升租赁业发展水平"介绍整体情况，发布创新案例。

7 月 11 日，国家开发银行控股子公司国银金融租赁股份有限公司在香港联交所正式挂牌交易，这也是国内首家在香港上市的金融租赁公司。

7 月 12 日，中民国际融资租赁股份有限公司与蓬莱市人民政府签订战略合作协议，中民租赁将在未来 5 年通过债项融资支持、股权直接投资、产业基金合作等方式，在蓬莱的新能源、节能环保、建筑工业化、健康养老、先进制造业、通用航空、冷链物流、船舶、港口等领域共投入约 30 亿元，促进蓬莱市经济结构调整和产业转型升级，提升产业的集约化、规模化水平，助推蓬莱经济社会发展。

7 月 12 日，工银租赁与中车租赁签署《租赁业务全面合作协议》，旨在进一步巩固战略合作关系，推动在境内外轨道交通领域的全面业务合作。

7 月 13 日，天津市和平区区委、区政府、区人大、区政协、区纪检委等领导班子在区委书记薛新立的带领下，到中国租赁业创新服务基地视察，对中国租赁业创新服务基地的工作表示认可和支持，并提出依托天津融资租赁业的优势，将中国租赁业创新服务基地打造成全国具有影响力的融资租赁平台。

7 月 13 日，天津市商务委、市国税局发布通知，确认 6 家企业为天津自由贸易试验区第一批内资融资租赁试点企业。6 家公司分别为天津城投创展租赁有限公司、一汽租赁有限公司、天津华铁租赁有限公司、佳汇（天津）租赁有限公司、天津恒泰融汇租赁有限公司、天津传化租赁有限公司。

7 月 14 日，统计显示，2016 年上半年以来，金融租赁公司的大手笔订船拉动了全国造船业增长，上半年造船业新接订单量 1620 万吨，同比大增 44.7%，我国造船业出现阶段性好转。

7 月 14 日，中国飞机租赁宣布，选择 CFM 国际公司的 CFM56-5B 发动机为其 20 架确认订购及多至 5 架意向订购的空客 A320 系列（现有发动机选型）飞机提供动力。确认发动机订单价值达 4.3 亿美元，将于 2017 至 2018 年间交付。

7 月 15 日，厦门自贸区举行船舶融资租赁业务对接会，努力将业务从飞机租赁领域延伸至船舶租赁领域，推动区域性融资租赁业聚集区与航运物流产业集群融合发展。

7 月 15 日，仲利国际租赁有限公司完成 20 亿元的联贷案。此次联贷案是瑞穗银行为仲利国际在境内统筹主办的第六笔银团联贷，显示了各银行团对仲利国际经营绩效及未来发展的信心。

7 月 18 日，中国银行业监督管理委员会批准设立贵阳贵银金融租赁有限责任公司。这是贵州省内首家由本土企业合资成立的全国性金融租赁公司，旨在解决经济发展过程中，传统金融手段较难解决的中长期融资问题，重点支持装备制造业和大数据产业、能源行业、生态旅游产业和节能环保等产业的融资租赁需求，建设具有贵州特色的"生态金融租赁"，拓展贵州推进供给侧结构性改革的有效渠道。

7 月 19 日，中铁建金融租赁有限公司在天津投入运营。中铁金租是国内建筑行业首家主导发起设立和筹备及开业批复进度最快的金融租赁公司。这是天津自贸试验区挂牌后落户东疆的首个金融租赁总部。

7 月 20 日，"十三五"期间，淮北市计划成立 2 家金融（融资）租赁公司，同时积极发展工业厂房租赁市场，充分利用存量工业厂房，支持企业租赁工业厂房或经营场所，鼓励有条件的区县给予承租人租金补贴。

7 月 21 日，交银租赁在全国银行间市场发行 2016 年第一期金融债券，发行规模为 40 亿元。交银租赁会将本期募集资金用于期限匹配的低风险优质租赁项目，大幅优化资产负债结构，改善公司资产负债期限配置，降低公司流动性风险，提升公司竞争力和市场影响力。

7 月 21 日，高略（上海）融资租赁有限公司与湖北简优农业发展有限公司签订战略合作协议，将共同投资 1 亿元，建设 20 万亩（1 亩＝666.7 平方米）集物流加工、生产销售于一体的蔬菜产业园。这是仙桃市首次在农业领域采取融资租赁形式融资，开启了农业领域融资新渠道。

7 月 21 日，上海市商务委、市国税局发布通知，确认上海鼎策设备租赁有限公司为中国（上海）自由贸易试验区内资融资租赁试点企业。

7 月 23 日，据统计，截至 6 月底，东疆保税港区 GDP 预计完成 75 亿元，同比增长 40%；税收预计完成 49 亿元，同比增长 80%；外贸指标出现好转势头，上半年出口预计达到 6.5 亿美元，同比增长 14%。

7 月 25 日，中银航空租赁有限公司公布其截至 2016 年 6 月 30 日的营运交易情况：自有及代管的飞机共计 265 架，订单簿包括 218 架飞机，公司自有及代管机队共服务于 31 个国家的 64 家航空公司客户。截至 2016 年第二季度，飞机利用率保持在 100%。

7 月 25 日，融冠融资租赁项目、中城建融资租赁项目、首都航空有限公司系列项目、光大临港投资基金项目等 27 个投资项目集中落户天津滨海新区，投资额近 300 亿元。

7 月 26 日，河北省政府出台《河北省普惠金融发展实施方案》，提出大力发展普惠金融、发挥金融租赁公司和融资租赁公司作用、促进消费金融公司和汽车金融公司发展、拓宽小额贷款公司和典当行融资渠道等措施。

7 月 27 日，据统计，目前中国汽车融资租赁市场还处于发展初期。2009—2014 年，中国汽车融资租赁市场规模从 1000 辆增长至 20.8 万辆，实现了 191% 的复合增长率。根据领先市场经验，2015—2020 年，中国汽车融资租赁年均复合增长率预计仍将保持在 50% 以上，2020 年将达到 2200 亿元，实现 6% 的渗透率。

7 月 28 日，浙江华铁建筑安全科技股份有限公司召开第二届董事会第十八次会议，审议通过了《关于引进投资者对控股子公司浙江华铁融资租赁有限公司及其全资子公司进行增资的议案》。增资后，华铁租赁注册资本将达 25 亿元。

7 月 28 日，天津自贸试验区挂牌一年来，《中国（天津）自由贸易试验区总体方案》90 项分解任务全部启动实施，57 项已经完成，占总量的 63%；两批 175 项制度创新举措有 141 项已落地实施，约占总量的 80%。其中，行政体制"十个一"改革基本完成，外商投资负面清单管理模式顺利实施，以通关、通检为核心的贸易便利化改革不断深入，"金改 30 条"70％的政策已落地，《天津自贸试验区服务京津冀协同发展工作方案》启动实施。

7 月 28 日，广东省东莞市政府发布《东莞市推广建设普及型智能制造示范生产线工作方案》，鼓励企业通过融资租赁方式建设普及型智能制造示范生产线。政策规定，对企业通过融资租赁方式建设普及型智能制造示范生产线，每年度融资租赁设备投资额不超过 1500 万元的进行贴息，年贴息金额不超过设备投资额的 8％，最高贴息金额 120 万元。

7 月 30 日，工业和信息化部、国家发展和改革委员会、中国工程院共同牵头制订了《发展服务型制造专项行动指南》，支持符合条件的制造业企业发起设立或参股财务公司、金融租赁公司、融资租赁公司。

7 月 31 日，据统计，从 2015 年 4 月至 2016 年 3 月，天津市共受理 21 家企业申请中长期国际商贷项目，批复额度 45.38 亿美元，全部用于支持天津市融资租赁行业发展。

8 月 2 日，天津东疆保税港区管委会与中谷海运集团举行了项目合作备忘录签字仪式。中谷海运项目公司将创新租赁模式，实现国内首单融资租赁进口沿海集装箱船舶业务。

8 月 2 日，财政部、海关总署、国家税务总局联合发布《关于融资租赁货物出口退税政策有关问题的通知》。

8 月 5 日，广州首架融资租赁业务 787-9 梦想飞机落地。这是由渤海金控有限公司通过注册在南沙的 SPV 公司运作的，是该公司首批落地广州的波音最新型大飞机，也是广州迄今金额最高的单架飞机租赁合同。该架飞机将交给海南航空公司使用。

8 月 5 日，空客公司在其官网更新了 *Global Market Forecast*。报告中一些数据显示，在未来 20 年，中国国内航空市场将超过北美成为世界最大的航空运输市场，年均增速为 6.8％。预计到 2035 年，中国人均航空出行将达 1.3 次，经济发展有望将民航带入全民消费的大众化时代。

8 月 6 日，据统计，2016 年上半年，天津滨海新区实际使用外资 36.3 亿美元，占全市比重的 69.5％；自贸试验区设立外商投资企业 492 家，合同外资 140.1 亿美元，占滨海新区的 88.3％；在津投资的主要国家和地区实际使用外资 49.5 亿美元，同比增长 17.4％，占全市的 94.8％，其中，外资租赁企业的投资占绝大部分比重。

8 月 11 日，据统计，2016 年上半年，全国新发行的企业 ABS 总数为 151 只，发行总额为 1713.03 亿元；新发行的融资租赁 ABS 为 57 只，发行总额为 521.16

亿元。

8 月 15 日，嘉德国际融资租赁有限公司与上汽依维柯红岩商用车有限公司在大连签订合作协议，嘉德租赁为上汽红岩的终端用户提供 5 亿元的授信额度。这是嘉德租赁继与一汽客车（大连）合作后拿到的又一个大单，同时也是国内汽车融资租赁发展中的一次重要签约。

8 月 15 日，上海市人民政府办公厅发布《关于加快本市融资租赁业发展的实施意见》，以上海自贸试验区先行先试为契机，建立支撑融资租赁业持续健康发展的制度创新体系，争取到 2020 年，实现融资租赁业务领域覆盖面不断扩大，融资租赁市场渗透率显著提高，融资租赁资产规模占全国比重达到 30%以上，使融资租赁成为企业设备投资和技术更新的重要手段，成为社会投融资体系中的重要组成部分。

8 月 17 日，中国飞机租赁集团控股有限公司发行 5 年期、基准规模、RegS 美金债券。这笔新债没有评级，初始指导价是 5.25%。此次发债所得资金将用于收购新飞机、为飞机拆解基地提供资金、相关业务拓展，以及一般公司用途。债券发行后，将在港交所挂牌上市。

8 月 17 日，中民投租赁与华为技术有限公司、上海斐讯数据通信技术有限公司共同签订三方战略合作协议，携手共建云计算数据中心。本次战略协议的签署，标志着中民投租赁、华为和斐讯三方将坚持互利共赢、协同发展的原则，围绕国家战略，顺应信息化发展趋势，把握各地大力发展数据中心及云计算产业的历史机遇，共同推动中国信息产业的发展。

8 月 18 日，在云南省人民政府召开的第九十三次常务会议上，由云南省银监局起草的《云南省关于促进金融租赁行业发展的实施意见（送审稿）》获得通过。云南省将按照商业化和市场化原则，鼓励和引导符合条件的各类社会资本在本省发起设立金融租赁公司，推动云南金融租赁行业持续健康发展。

8 月 18 日，"厦门自贸片区医疗器械融资租赁研讨对接会"在厦门国际航运中心举行。23 家本市医院、45 家融资租赁公司、8 家银行机构等的 150 多名嘉宾出席会议，共同探讨以融资租赁为资本动力，助推厦门医疗租赁以及医疗行业的发展。这是继飞机融资租赁、船舶融资租赁之后，厦门自贸片区融资租赁业务范围的又一次拓展。

8 月 23 日，丽水市召开"首届融资租赁培训会"。通过培训，丽水市相关管理部门和企业认识到，融资租赁有助于解决中小企业融资难问题，帮助中小企业提高竞争力，推动区域装备产业提升发展，化解"两链"风险，推进政府性项目的投资建设。

8 月 25 日，中民国际融资租赁股份有限公司应邀出席中国（沈阳）民用航空应急救援大会，与中国民用航空应急救援联盟和北京市红十字会 999 紧急救援中心签署了三方战略合作协议。此次协议的目标是，在 5 年左右时间内，通过股权直接投资、债项融资支持、产业基金合作等多种方式，在全国的医疗救援航空器、配套系统设施、航空应急救援医院、应急救援相关产业等领域共投入约 100 亿元，搭建中国应急航空救援平台，促进结构调整和产业转型升级。

8 月 26 日，前海以金融创新作为自身在广东自贸区中的鲜明特色，截至 2016 年 6 月底，前海的融资租赁公司超过 1000 家，占到全国的 1/5。

8 月 30 日，江苏银行召开第三届董事会第二十五次会议，通过了《关于对苏银金融租赁股份有限公司增资的议案》。董事会同意公司参与苏银金融租赁增资扩股，认购不超过 8 亿股，投资金额不超过 9.6 亿元，并授权高级管理层在上述投资总额范围内确定投资额度、办理相关具体事宜。

9 月 2 日，南航 B-8640 号全新空客 A321 客机从德国汉堡飞抵广州白云机场，标志着南航在广州南沙自贸区首单保税融资租赁业务顺利开展。南航、昆仑金融租赁公司、南沙开发区金融局和广州市商务委有关负责人出席了在广州白云机场内举行的飞机交付仪式。

9 月 3 日，为在全国范围内复制推广自由贸易试验区的试点经验，实行外商投资准入前国民待遇加负面清单管理模式，十二届全国人大常委会第二十二次会议表决通过了《全国人民代表大会常务委员会关于修改〈中华人民共和国外资企业法〉等四部法律的决定》，并于 2016 年 10 月 1 日起施行。

9 月 3 日，浙江省人民政府办公厅发布《关于加快融资租赁业发展的实施意见》。

9 月 8 日，云南省人民政府办公厅正式发布《关于促进金融租赁行业发展的实施意见》。

9 月 12—13 日，为落实《国务院办公厅关于加快融资租赁业发展的指导意见》（国办发〔2015〕68 号）和商务部《融资租赁企业监督管理办法》规定要求，促进融资租赁企业健康发展，天津市商务委会同天津市租赁行业协会，于 9 月 12 日和 13 日举办了两场"全国融资租赁企业管理信息系统"工作培训会。

9 月 13 日，天津市发展改革委、市金融局联合印发《关于印发〈天津市融资租赁业发展"十三五"规划〉的通知》。

9 月 20 日，福建省第一家法人金融租赁公司——福建海西金融租赁有限责任公司在泉州正式开业。这家由福建本土银行和泉州产业界联合发起成立的金融租赁公司的开业，结束了福建省内无法人金融租赁公司的局面，表明了泉州市乃至福建省金融主体种类逐渐完善，向构建多元化、多层次的金融服务体系迈出了坚实的一步。

9 月 21—23 日，"中国航空金融发展（东疆）国际论坛"在天津召开。工银金融租赁有限公司总裁赵桂才出席并发表了"'一带一路'倡议下中国飞机租赁产业的发展方向"主题演讲，认为中国飞机租赁行业在立足于自身发展的同时，应主动融合到国家的重大战略中去，特别是在响应国家提出的"一带一路"重大决策上，飞机租赁行业可以发挥突出的作用。

9 月 30 日，陕西建工国际融资租赁有限公司运营启动暨战略合作签约仪式在西安国际港务区举行。公司注册资本 2 亿元，由大型省属国有企业陕建投资集团和陕建华山国际集团共同出资设立。

10 月 6 日，海航集团旗下的 Avolon Holdings 发布公告称，同意以 100 亿美元收购 CIT Group Inc. 的飞机租赁业务。若此项目完成，Avolon Holdings 将组建一个拥有 910 架飞机、价值逾 430 亿美元的租赁板块，海航借此将成为全球第三大飞机租赁公司。

10 月 10 日，西藏金融租赁有限公司业务再创新高，资产总额在 14 家银行类金融机构中排名第八，业务增量已连续 3 个月排名第一，创造了西藏金融机构发展的新纪录。

10 月 10 日，瀚华租赁、中民国际融资租赁股份有限公司与北京天马通驰汽车租赁有限公司三方在北京签署业务合作协议，各方将在合作协议的基础上陆续开展数亿元新能源客车融资租赁业务。

10 月 10 日，福建江夏学院金融学院融资租赁订单班开班仪式暨融信租赁实践教学基地揭牌仪式在福建江夏学院金融楼顺利举行。中国租赁联盟召集人、天津滨海融资租赁研究院院长杨海田教授，融信租赁股份有限公司董事长王丁辉先生，福建江夏学院校长郑建岚教授等出席。

10 月 11 日，从陕西省官方获悉，该省通过举办"陕粤港澳经济合作周"活动，加强了与粤港澳的经济合作。截至 2016 年 6 月，前五届"陕粤港澳经济合作周"活动中累计签约 373 个项目，总投资 5712.41 亿元，签约的多家涉及港资的融资租赁企业已落户陕西。

10 月 11 日，中海集运发布定增预案，公司拟以不低于 3.66 元/股的价格，非公开发行不超过 32.79 亿股，募集资金总额不超过 120 亿元，其中 60 亿元拟用于增资中远海运租赁，用于中远海运租赁进一步拓展融资租赁业务布局，新增投资融资租赁资产并重点开拓医疗、能源、教育和创新领域，旨在进一步扩大中远海运租赁融资租赁业务经营规模，促进航运租赁业务发展。

10 月 17 日，沈阳市服务业委员会主任李军，沈阳市恒信租赁有限公司董事长王英臣、总经理马山一行 8 人来津，与中国租赁联盟、天津市租赁行业协会和中国租赁业创新服务基地一起，就共同组建"中国租赁业（东北）创新服务基地"

进行协商，一致同意发挥各自优势，在沈阳尽早建成"中国租赁业（东北）创新服务基地"，并签署了合作协议。

10 月 17 日，据报道，天津滨海新区政府与中国船舶重工集团公司近日签署全面合作协议，中船重工将在滨海新区打造金融资本总部并建设融资租赁等新兴产业基地，以推动中船重工金融服务、现代物流等业务发展。

10 月 18 日，经管理部门批准，由天津银行发起设立的天银金融租赁有限公司在天津自贸试验区空港经济区对外营业。这是天津市法人金融机构发起设立的第一家金融租赁公司，标志着天津银行综合化经营发展战略迈出重要一步。

10 月 28 日，胶州市申报的青岛胶东临空经济区成功获评"国家级临空经济示范区"。示范区将致力于打造高端临空产业基地，大力发展航空运输、公务机与通航等核心产业，推动航空关联制造业和融资租赁等高端服务业的发展，构建对外开放引领区，建设现代化生态智慧空港城。

10 月 30 日，民生金融租赁与 Zetta Jet、庞巴迪在美国公务航空会议暨展览会（在美国奥兰多举办）上宣布，就 4 架挑战者 650 飞机的购买和融资达成合作共识，并已签署协议。根据 2016 年飞机目录价格，此次交易额达到 1.294 亿美元。

11 月 1 日，中国商飞签署了 56 架 C919 订单和 40 架 ARJ21-700 飞机购买协议。东方航空当晚则发布公告称，与中国商飞签署协议，公司将成为中国商飞研制和生产的 C919 客机首家用户。

11 月 8 日，天津市商务委、市国税局发布通知确认天津潍莱岛租赁有限公司、中建投租赁（天津）有限责任公司、台金融资租赁（天津）有限责任公司、天津信汇融资租赁有限公司、天津滨海新区建投租赁有限公司、天津中融恒泰国际租赁有限公司为天津自由贸易试验区第二批内资融资租赁试点企业。

11 月 21 日，中国民生投资股份有限公司与陕西省大型民营企业集团——荣民控股集团强强联合，在西安国际港务区投资设立一家 30 亿元的融资租赁公司和一个投资 30 亿元的冷链仓储贸易项目。

11 月 21 日，河北省金融租赁有限公司收到中国人民银行同意绿色金融债券发行的行政许可决定书，获准在全国银行间债券市场公开发行不超过 20 亿元的绿色金融债券，募集资金专项用于支持绿色产业项目。截至目前，共有 5 家商业银行成功发行绿色金融债券。此次河北金租成为国内首家获准发行绿色金融债券的金融租赁公司，打响了金租公司发展绿色租赁的"头炮"。

11 月 22 日，深圳农村商业银行股份有限公司收到中国银监会批复，获准筹建前海兴邦金融租赁有限责任公司。公司拟定注册资本 15 亿元，由深圳农村商业银行持股 51%。这将是深圳市第二家金融租赁公司，也将是第一家进驻前海自贸区的全国性法人金融租赁公司。

11 月 22—24 日，联合国工业发展组织（UNIDO）在维也纳召开第四十四届工发理事会会议。会议审议通过，中国国际商会获得工发组织咨商地位。这是中国第一个获得此咨商地位的非政府组织，中国国际商会租赁委员会表示祝贺。

11 月 25 日，民生金融租赁股份有限公司正式完成跨境外汇资金池业务备案登记，成为 2016 年以来天津自贸区首家获批该资格的公司，也是唯一一家获批的租赁公司。

11 月 29 日，浙商银行收到中国银监会批复，获准筹建浙江浙银金融租赁股份有限公司。公司拟定注册资本 30 亿元，由浙商银行联合浙江省金融控股有限公司、舟山海洋综合开发投资有限公司共同发起设立，其中浙商银行持股 51%。

11 月 29 日，青岛崂山区"新能源汽车推广应用政策与绿色出行分时租赁项目发布会"在中国新能源生态科技馆举行，宣布打造全国首个 3 公里充电服务网络和绿色出行分时租赁示范区。崂山区是全国首个为充电企业、车企、运营商提供"三方补贴"的区级政府。

11 月 30 日，天津渤海租赁完成工商变更，注册资本增至 218.703 亿元，成为国内第一家资本金超过 200 亿元的租赁公司。

12 月 6 日，由招银金融租赁作为发起机构和委托机构、华润深国投信托作为受托机构和发行人的"招金 2016 年第二期租赁资产支持证券"已完成相关报告及备案。华润深国投信托定于 2016 年 12 月 12 日在全国银行间债券市场发行规模为 5636470251.69 元的"招金 2016 年第二期租赁资产支持证券"，这是迄今规模最大的租赁 ABS。

12 月 8 日，阿维亚融资租赁（中国）有限公司在郑州揭牌，随即获得俄罗斯航空公司 16 架飞机租赁的国际业务，涉及金额 8.01 亿美元。这不仅填补了河南省金融资本市场的一项空白，也结束了河南没有飞机租赁业态的历史。

12 月 12 日，四川天府金融租赁股份有限公司取得中国银监会四川监管局的开业批复及金融许可证，在成都天府新区正式开业并举行授牌仪式，成为四川省首家获批开业的金融租赁公司。

12 月 12 日，甘肃兰银金融租赁股份有限公司在兰州市榆中县正式开业。省政府金融办、人行兰州中心支行、甘肃银监局、甘肃省国投以及榆中县等相关部门领导共同启动了开业水晶球，标志着甘肃兰银金融租赁股份有限公司正式投入运营。

12 月 12 日，"2016 中国租赁年会行业风险专家论坛"在天津召开。"行业风险专家论坛"由上海市租赁行业协会常务副会长俞开琪主持。中国租赁联盟召集人、天津市租赁行业协会会长杨海田代表主办方致辞。全国近 40 位租赁业内专家就租赁行业面临的风险、行业发展现状、问题和举措进行了深入分析和交流，以促进当前我国经济下行压力较大情况下融资租赁业继续向前发展。

12 月 12—13 日，在天津市商务委、天津滨海新区政府、中国国际商会指导下，中国租赁联盟主办的"2016 中国租赁年会"在天津丽思卡尔顿酒店召开。本届年会主题为"租赁大国的责任与担当"，共设"行业风险专家论坛""大会主题论坛""融资租赁聚集区论坛""租赁行业协会会长论坛"四个分论坛。天津市赵海山副市长出席并致辞，商务部、全国人大财经委、中国国际商会、天津市人民政府等有关部门领导出席了本届年会。来自全国各地融资租赁企业、行业组织、融资租赁相关机构的 500 余人参加了本届年会。

12 月 27 日，广州空港经济区首个以融资租赁方式引进的空客 A330 飞机在白云机场举行了交付仪式，由在广州空港经济区注册的独立法人 SPV 公司——广州空港渤海一号租赁有限公司运营，将交付北京首都航空公司使用。该架飞机的成功交付，标志着广州空港经济区已打通飞机租赁全业务流程，具备了全面开展飞机租赁业务的配套政策环境。

12 月 29 日，中国银监会江苏监管局批复同意江苏江阴农商行发起设立无锡华银金融租赁股份有限公司的申请。华银金租将重点面向"三农"和小微企业开展业务，加快建立差异化竞争优势，更好地为"三农"和小微企业提供金融支持和服务。

12 月 31 日，据中国租赁联盟初步测算，截至 2016 年底，全国融资租赁总部企业超过 7000 家，比上年增加 2600 多家；融资租赁合同余额达到 5.33 万亿元，比上年增长 20%。在全国经济下行压力较大的背景下，融资租赁业仍然逆势上扬，保持着迅速发展的良好势头。

企业排行榜

金融租赁企业排行榜

（截至 2016 年 12 月 31 日）

（以注册资金为序）

排名	企业名称	注册时间	注册地	注册资金（亿元）
1	国银金融租赁股份有限公司	1984	深圳	126.42
2	工银金融租赁有限公司	2007	天津	110.00
3	建信金融租赁有限公司	2007	北京	80.00
4	交银金融租赁有限责任公司	2007	上海	70.00
4	兴业金融租赁有限责任公司	2010	天津	70.00
5	招银金融租赁有限公司	2007	上海	60.00
5	昆仑金融租赁有限责任公司	2010	重庆	60.00
6	民生金融租赁股份有限公司	2007	天津	50.95
7	华融金融租赁股份有限公司	2001	杭州	50.00
7	太平石化金融租赁有限责任公司	2014	上海	50.00
8	锦银金融租赁有限责任公司	2015	沈阳	49.00
9	皖江金融租赁股份有限公司	2011	芜湖	46.00
10	长城国兴金融租赁有限公司	2008	乌鲁木齐	40.00
10	中信金融租赁有限公司	2015	天津	40.00
11	光大金融租赁股份有限公司	2010	武汉	37.00
12	中国外贸金融租赁有限公司	1986	北京	35.08
13	信达金融租赁有限公司	1996	兰州	35.05
14	北银金融租赁有限公司	2014	北京	31.00
15	河北省金融租赁有限公司	1995	石家庄	30.00
15	农银金融租赁有限公司	2010	上海	30.00
15	华夏金融租赁有限公司	2013	昆明	30.00
15	邦银金融租赁股份有限公司	2013	天津	30.00
15	湖北金融租赁股份有限公司	2015	武汉	30.00
15	西藏金融租赁有限公司	2015	拉萨	30.00

续表

排名	企业名称	注册时间	注册地	注册资金（亿元）
16	浦银金融租赁股份有限公司	2011	上海	29.50
17	渝农商金融租赁有限责任公司	2014	重庆	25.00
18	中铁建金融租赁有限公司	2016	天津	24.00
19	江苏金融租赁股份有限公司	1985	南京	23.47
20	中国金融租赁有限公司	2013	天津	20.00
20	哈银金融租赁有限责任公司	2014	哈尔滨	20.00
20	徽银金融租赁有限公司	2015	合肥	20.00
20	横琴华通金融租赁有限公司	2015	珠海	20.00
20	佛山海晟金融租赁股份有限公司	2016	佛山	20.00
20	贵阳贵银金融租赁有限责任公司	2016	贵阳	20.00
21	洛银金融租赁股份有限公司	2014	洛阳	16.00
22	交银航空航运金融租赁有限责任公司	2014	上海	15.00
22	苏州金融租赁股份有限公司	2015	苏州	15.00
22	徐州恒鑫金融租赁股份有限公司	2016	徐州	15.00
23	苏银金融租赁股份有限公司	2015	南京	12.50
24	北部湾金融租赁有限公司	2011	南宁	10.00
24	珠江金融租赁有限公司	2014	广州	10.00
24	华运金融租赁股份有限公司	2015	天津	10.00
24	永赢金融租赁有限公司	2015	宁波	10.00
24	江南金融租赁有限公司	2015	常州	10.00
24	长江联合金融租赁有限公司	2015	上海	10.00
24	山东汇通金融租赁有限公司	2015	济南	10.00
24	江西金融租赁股份有限公司	2015	南昌	10.00
24	冀银金融租赁股份有限公司	2015	石家庄	10.00
24	河南九鼎金融租赁股份有限公司	2016	郑州	10.00
24	山东通达金融租赁有限公司	2016	济南	10.00
24	浙江稠州金融租赁有限公司	2016	义乌	10.00
24	天银金融租赁有限公司	2016	天津	10.00

排名	企业名称	注册时间	注册地	注册资金（亿元）
24	四川天府金融租赁股份有限公司	2016	成都	10.00
25	福建海西金融租赁有限责任公司	2016	福州	7.00
26	山西金融租赁有限公司	1993	太原	5.00
26	招银航空航运金融租赁有限公司	2015	上海	5.00
26	广融达金融租赁有限公司	2016	上海	5.00
26	甘肃兰银金融租赁股份有限公司	2016	兰州	5.00
27	华融航运金融租赁有限公司	2015	上海	3.00

资料来源：中国租赁联盟、天津滨海融资租赁研究院。

注：

1. 名录上的企业系截至 2016 年底登记在册并处运营中的企业；

2. 注册资金指截至 2016 年底的本金；

3. 注册资金单位为亿元人民币；

4. 注册时间指企业获得批准设立或正式开业的时间；

5. 注册地指企业本部的注册地址；

6. 不含子公司和海外收购的公司。

内资租赁企业排行榜

（截至 2016 年 12 月 31 日）

（以注册资金为序）

排名	企业	注册时间	注册地	注册资金（亿元）
1	天津渤海租赁有限公司	2008	天津	221.01
2	浦航租赁有限公司	2009	上海	76.60
3	长江租赁有限公司	2004	天津	67.90
4	中航国际租赁有限公司	1993	上海	49.36
5	丰汇租赁有限公司	2009	北京	40.00
6	国信租赁有限公司	2015	济南	36.00
7	上海电气租赁有限公司	2006	上海	30.00
7	国泰租赁有限公司	2007	济南	30.00
8	庞大乐业租赁有限公司	2009	唐山	29.17
9	中车投资租赁有限公司	2008	北京	23.00
10	汇通信诚租赁有限公司	2012	乌鲁木齐	21.60
11	中建投租赁（上海）有限责任公司	2014	上海	20.00
12	中联重科融资租赁（北京）有限公司	2006	北京	15.02
13	中远海运租赁有限公司	2014	上海	15.00
13	天津华铁融资租赁有限公司	2016	天津	15.00
14	浙江物产融资租赁有限公司	2012	杭州	14.17
15	重庆银海融资租赁有限公司	2006	重庆	12.00
16	安吉租赁有限公司	2006	上海	11.64
17	天津大通融汇租赁有限公司	2015	天津	10.42
18	青海昆仑租赁有限责任公司	2004	西宁	10.00
18	安徽兴泰融资租赁有限责任公司	2006	合肥	10.00
18	北车投资租赁有限公司	2008	北京	10.00
18	重庆市交通设备融资租赁有限公司	2009	重庆	10.00
18	吉运集团股份有限公司	2011	北京	10.00

排名	企业	注册时间	注册地	注册资金（亿元）
18	天津天保租赁有限公司	2011	天津	10.00
18	天津佳永租赁有限公司	2012	天津	10.00
18	武汉光谷融资租赁有限公司	2012	武汉	10.00
18	辽宁融川融资租赁股份有限公司	2013	沈阳	10.00
18	安徽正奇融资租赁有限公司	2013	合肥	10.00
18	德海租赁有限公司	2013	北京	10.00
18	安徽华通租赁有限公司	2013	淮南	10.00
18	广东恒和租赁有限公司	2015	广州	10.00
18	天津城投创展租赁有限公司	2016	天津	10.00
18	中建投租赁（天津）有限责任公司	2016	天津	10.00
18	天津信汇融资租赁有限公司	2016	天津	10.00
19	山东地矿租赁有限公司	2015	济南	9.93
20	中国电建集团租赁有限公司	2004	北京	9.60
21	山重融资租赁有限公司	2009	北京	9.20
22	珠海恒源融资租赁有限公司	2013	珠海	9.17
23	河北融投租赁有限公司	2012	石家庄	9.00
24	赣州发展融资租赁有限责任公司	2013	赣州	8.75
25	江苏徐工工程机械租赁有限公司	2008	徐州	8.00
26	首汽租赁有限责任公司	2008	北京	7.72
27	联通租赁集团有限公司	2004	北京	7.60
27	芜湖亚夏融资租赁有限公司	2013	芜湖	7.60
28	浙江中大元通融资租赁有限公司	2007	杭州	7.57
29	厦门海翼融资租赁有限公司	2008	厦门	7.00
29	德银融资租赁有限公司	2011	上海	7.00
30	东森海润租赁有限公司	2012	北京	6.28
31	上海国金租赁有限公司	2012	上海	6.00
31	中程租赁有限公司	2013	天津	6.00
31	四川金石租赁有限责任公司	2014	成都	6.00

排名	企业	注册时间	注册地	注册资金（亿元）
31	内蒙古融资租赁有限责任公司	2015	内蒙古	6.00
32	上海地铁融资租赁有限公司	2014	上海	5.60
33	北京京能源深融资租赁有限公司	2011	北京	5.50
34	国农租赁有限公司	2013	济南	5.10
35	融信租赁股份有限公司	2009	福州	5.04
36	成都工投融资租赁有限公司	2009	成都	5.00
36	汇银融资租赁有限公司	2011	潍坊	5.00
36	金鼎租赁有限公司	2011	北京	5.00
36	中关村科技租赁有限公司	2013	北京	5.00
36	安徽众信融资租赁有限公司	2013	亳州	5.00
36	安徽德润融资租赁股份有限公司	2013	合肥	5.00
36	广州广汽租赁有限公司	2013	广州	5.00
36	世欣合汇融资租赁有限公司	2014	北京	5.00
36	天津天士力融资租赁有限公司	2014	天津	5.00
36	天津融鑫融资租赁有限公司	2014	天津	5.00
36	安徽皖新融资租赁有限公司	2014	六安	5.00
36	北京中煤融资租赁有限责任公司	2015	北京	5.00
36	汇鼎租赁有限公司	2015	济南	5.00
36	中核建银融资租赁股份有限公司	2015	广州	5.00
36	天津滨海新区建投租赁有限公司	2016	天津	5.00
37	青岛中投融资租赁有限公司	2012	青岛	4.50
38	安徽中财租赁有限责任公司	2014	亳州	4.30
38	河南国控租赁股份有限公司	2013	郑州	4.30
39	福建宏顺租赁有限公司	2006	福州	4.16
40	福建海峡融资租赁有限责任公司	2011	福州	4.00
40	上海云城融资租赁有限公司	2015	上海	4.00
41	长城融资租赁有限责任公司	1997	济南	3.70
42	浙江香溢租赁有限责任公司	2013	宁波	3.20

排名	企业	注册时间	注册地	注册资金（亿元）
42	湖北华康远达融资租赁有限公司	2012	襄阳	3.20
43	大盛融资租赁有限公司	2014	金华	3.10
44	尚邦租赁有限公司	2008	天津	3.05
45	万向租赁有限公司	2004	杭州	3.00
45	新疆鼎源融资租赁股份有限公司	2011	乌鲁木齐	3.00
45	庆汇租赁有限公司	2013	沈阳	3.00
45	北京农投融资租赁有限公司	2013	北京	3.00
45	上海万方融资租赁有限公司	2013	上海	3.00
45	安徽合泰融资租赁有限公司	2013	合肥	3.00
45	南通国润融资租赁有限公司	2014	南通	3.00
45	经开租赁有限公司	2014	深圳	3.00
45	华宝千祺租赁（深圳）有限公司	2014	深圳	3.00
45	天津财信汇通融资租赁有限公司	2015	天津	3.00
45	维租（天津）租赁有限公司	2015	天津	3.00
45	辽宁方大融资租赁有限公司	2015	抚顺	3.00
45	南京华虹融资租赁有限公司	2015	南京	3.00
45	天津合盛融资租赁有限公司	2016	天津	3.00
45	宝新融资租赁有限公司	2016	广州	3.00
46	江西省鄱阳湖融资租赁有限公司	2011	南昌	2.80
47	沈阳恒信租赁有限公司	2013	沈阳	2.74
48	山东山工租赁有限公司	2011	济南	2.70
48	重庆鸿晔锦盛融资租赁有限公司	2015	重庆	2.70
49	上海益流融资租赁有限公司	2011	上海	2.50
49	联通物产租赁有限公司	2012	北京	2.50
50	新疆新能融资租赁有限公司	2008	乌鲁木齐	2.48
51	四川孚临融资租赁有限公司	2013	成都	2.40
52	山东融世华租赁有限公司	2007	济南	2.29
53	华晟融资租赁股份有限公司	2013	苏州	2.10

排名	企业	注册时间	注册地	注册资金（亿元）
53	东方圣城租赁有限公司	2015	济宁	2.10
53	佳汇（天津）租赁有限公司	2016	天津	2.10
54	福建万宇租赁有限公司	2013	宁德	2.06
55	青岛青建租赁有限公司	2013	青岛	2.05
55	湖北金控融资租赁有限公司	2015	武汉	2.05
56	北京鼎泰鑫融资租赁有限公司	2014	北京	2.03
57	四川荷福融资租赁有限公司	2015	成都	2.01
58	北京绿能融资租赁有限公司	2002	北京	2.00
58	成都华明融资租赁有限公司	2015	成都	2.00
58	西北租赁有限公司	2004	西安	2.00
58	江西省海济融资租赁股份有限公司	2006	南昌	2.00
58	山东浪潮租赁有限公司	2006	济南	2.00
58	华远租赁有限公司	2007	北京	2.00
58	恒华融资租赁有限公司	2008	嘉兴	2.00
58	中原租赁有限公司	2009	深圳	2.00
58	上海金易达融资租赁有限公司	2011	上海	2.00
58	上海中兴融资租赁有限公司	2011	上海	2.00
58	天津泰达租赁有限公司	2011	天津	2.00
58	融鑫汇（天津）租赁有限公司	2011	天津	2.00
58	云投旺世融资租赁有限公司	2011	北京	2.00
58	银丰租赁有限公司	2011	北京	2.00
58	北京中车信融融资租赁有限公司	2012	北京	2.00
58	荣达租赁有限公司	2012	北京	2.00
58	浙江省铁投融资租赁有限公司	2012	杭州	2.00
58	江苏宝涵租赁有限公司	2013	苏州	2.00
58	苏州融华租赁有限公司	2013	苏州	2.00
58	南京隆安租赁有限公司	2013	南京	2.00
58	贵州黔贵融资租赁有限公司	2013	贵阳	2.00

排名	企业	注册时间	注册地	注册资金（亿元）
58	通和租赁股份有限公司	2013	北京	2.00
58	上海摩恩融资租赁股份有限公司	2013	上海	2.00
58	南京民生租赁股份有限公司	2013	南京	2.00
58	浙江浙能融资租赁有限公司	2013	杭州	2.00
58	浙江万融融资租赁有限公司	2013	金华	2.00
58	中鼎信融资租赁集团股份有限公司	2014	哈尔滨	2.00
58	常熟市德盛融资租赁有限公司	2014	苏州	2.00
58	江苏淮海融资租赁有限公司	2014	宿迁	2.00
58	宁波东银融资租赁有限责任公司	2014	宁波	2.00
58	四川盘古设备租赁有限公司	2014	成都	2.00
58	石家庄宝德融资租赁有限公司	2015	石家庄	2.00
58	银河融资租赁有限公司	2015	上海	2.00
58	江苏国鑫融资租赁有限公司	2015	盐城	2.00
58	江苏凤凰文贸融资租赁有限公司	2015	南京	2.00
58	临沂华盛江泉租赁有限公司	2015	临沂	2.00
58	城发集团（青岛）融资租赁有限公司	2015	青岛	2.00
58	武汉中泰和融资租赁有限公司	2015	武汉	2.00
58	湖北华融嘉和融资租赁有限公司	2015	襄阳	2.00
58	湖北万民融资租赁有限公司	2015	荆州	2.00
58	民商融资租赁有限公司	2015	重庆	2.00
58	一汽租赁有限公司	2016	天津	2.00
58	上海鼎策融资租赁有限公司	2016	上海	2.00
58	天津潍莱岛融资租赁有限公司	2016	天津	2.00
58	天津中融恒泰国际租赁有限公司	2016	天津	2.00
58	广州海印融资租赁有限公司	2016	广州	2.00
59	浙江康安融资租赁股份有限公司	2012	嘉兴	1.90
60	新疆生产建设兵团第十三师天元融资租赁有限公司	2015	哈密	1.87

排名	企业	注册时间	注册地	注册资金（亿元）
61	海航思福租赁股份有限公司	2013	海口	1.84
62	宝利德融资租赁有限公司	2014	杭州	1.80
62	杭州中小企业融资租赁有限公司	2015	杭州	1.80
63	泰康消防化工集团融资租赁有限责任公司	2015	昆明	1.70
63	中浩环球租赁（福建）有限公司	2015	福州	1.70
63	远中租赁股份有限公司	2006	沈阳	1.70
63	新疆亚中机电销售租赁股份有限公司	2008	乌鲁木齐	1.70
63	成都汇银融资租赁有限公司	2011	成都	1.70
63	融兴融资租赁有限公司	2012	福州	1.70
63	英利小溪租赁有限公司	2013	天津	1.70
63	晋盛租赁有限公司	2013	太原	1.70
63	嘉丰租赁有限公司	2013	济南	1.70
63	南京天元租赁有限公司	2013	南京	1.70
63	河南广通汽车租赁有限公司	2013	郑州	1.70
63	河北卓邦华琦融资租赁有限公司	2013	邯郸	1.70
63	融丰租赁有限公司	2013	长春	1.70
63	中弘租赁有限公司	2013	沈阳	1.70
63	杭州城投租赁有限公司	2013	杭州	1.70
63	湖北永盛融资租赁有限公司	2013	咸宁	1.70
63	中水电融通租赁有限公司	2014	天津	1.70
63	天津市良好投资发展有限公司	2014	天津	1.70
63	邯郸市美食林租赁有限公司	2014	邯郸	1.70
63	中盛租赁有限公司	2014	常州	1.70
63	福建润创租赁有限公司	2014	福州	1.70
63	昌乐英轩设备租赁有限公司	2014	潍坊	1.70
63	四川海特融资租赁有限公司	2014	成都	1.70
63	四川御丰泰融资租赁有限公司	2014	成都	1.70
63	荣信租赁有限公司	2015	沈阳	1.70

排名	企业	注册时间	注册地	注册资金（亿元）
63	安徽津安融资租赁有限公司	2015	阜阳	1.70
63	福建喜相逢汽车服务股份有限公司	2015	福州	1.70
63	泉州市闽侨融资租赁有限公司	2015	泉州	1.70
63	山东恒顺融资租赁有限公司	2015	临沂	1.70
63	东风南方融资租赁有限公司	2015	广州	1.70
63	宁夏三实融资租赁有限公司	2015	银川	1.70
63	天津传化融资租赁有限公司	2016	天津	1.70
63	台金融资租赁（天津）有限责任公司	2016	天津	1.70
64	上海融联租赁股份有限公司	2004	上海	1.00
65	天津津投租赁有限公司	2004	天津	0.82
66	长行汽车租赁有限公司	2004	杭州	0.51
67	新纪元租赁有限公司	2007	北京	0.50
67	中能融资租赁有限公司	2011	天津	0.50
68	江苏烟草金丝利租赁有限公司	2011	南京	0.40

资料来源：中国租赁联盟、天津滨海融资租赁研究院。

注：

1. 名录上的企业系截至2016年底登记在册并处运营中的企业；

2. 注册资金指截至2016年底的本金；

3. 注册资金单位为亿元人民币；

4. 注册时间指企业获得批准设立或正式开业的时间；

5. 注册地指企业本部的注册地址；

6. 不含子公司和海外收购的公司。

外资租赁企业 300 强排行榜

（截至 2016 年 12 月 31 日）
（以注册资金为序）

排名	企业名称	注册时间	注册地	注册资金（万美元）
1	中金国际融资租赁（天津）有限公司	2016	天津	226480
2	远东国际租赁有限公司	1991	上海	181671
3	郎丰国际融资租赁（中国）有限公司	2016	珠海	150000
4	平安国际融资租赁有限公司	2012	上海	134783
5	山东晨鸣融资租赁有限公司	2014	济南	111594
6	中垠融资租赁有限公司	2014	上海	102319
7	上海金昊阳融资租赁有限公司	2015	上海	100000
7	国信融资租赁（深圳）有限公司	2016	深圳	100000
7	中源融资租赁（深圳）有限公司	2016	深圳	100000
7	中安航天博宇融资租赁有限公司	2016	深圳	100000
7	慧海国际融资租赁（中国）有限公司	2016	珠海	100000
7	荣达国际融资租赁（中国）有限公司	2016	珠海	100000
7	广业国际融资租赁（深圳）有限公司	2016	深圳	100000
8	芯鑫融资租赁有限责任公司	2015	上海	82319
9	中交建融租赁有限公司	2014	上海	72464
9	远东宏信（天津）融资租赁有限公司	2013	天津	72464
9	齐利（厦门）融资租赁有限公司	2016	厦门	72464
9	青岛晨鸣弄海融资租赁有限公司	2016	青岛	72464
10	中民国际融资租赁股份有限公司	2015	天津	65217
11	中电投融和融资租赁有限公司	2014	上海	63000
12	中国环球租赁有限公司	1984	北京	61889
13	深银世纪融资租赁（深圳）有限公司	2015	深圳	60000
14	安徽钰诚融资租赁有限公司	2012	蚌埠	59800
15	上海易鑫融资租赁有限公司	2014	上海	56000

排名	企业名称	注册时间	注册地	注册资金（万美元）
16	海通恒信国际租赁有限公司	2004	上海	52300
17	檀实融资租赁（上海）有限公司	2014	上海	50000
17	江苏绿能宝融资租赁有限公司	2014	苏州	50000
17	华美（中国）融资租赁股份有限公司	2015	天津	50000
17	晟华（上海）融资租赁有限公司	2015	上海	50000
17	千佰亿融资租赁（深圳）有限公司	2016	深圳	50000
17	华宇融资租赁（深圳）有限公司	2016	深圳	50000
18	上海一嗨汽车租赁有限公司	2008	上海	46800
19	平安国际融资租赁（天津）有限公司	2015	天津	46377
20	宏泰国际融资租赁（天津）有限公司	2013	天津	43478
20	国电融资租赁有限公司	2014	天津	43478
20	上海祥达融资租赁有限公司	2014	上海	43478
20	中交融资租赁（广州）有限公司	2016	广州	43478
21	广州越秀融资租赁有限公司	2012	广州	42058
22	央融（天津）融资租赁有限公司	2015	天津	40000
22	国为融资租赁（深圳）有限公司	2016	深圳	40000
22	中飞租融资租赁有限公司	2010	天津	40000
23	中海油国际融资租赁有限公司	2014	天津	39130
23	华能天成融资租赁有限公司	2014	天津	39130
24	中建投租赁股份有限公司	1989	北京	38667
25	利星行融资租赁（中国）有限公司	2008	苏州	37000
26	中国康富国际租赁股份有限公司	1988	北京	36202
27	辽宁恒亿融资租赁有限公司	2014	本溪	35000
28	扬子江国际租赁有限公司	1992	上海	34220
29	天合国际融资租赁有限公司	2015	广州	33000
30	浙江华铁融资租赁有限公司	2015	舟山	32683
31	国融（国际）融资租赁有限责任公司	2010	济南	32319
32	北京市文化科技融资租赁股份有限公司	2014	北京	31739

排名	企业名称	注册时间	注册地	注册资金（万美元）
33	深圳兆恒水电有限公司	1999	深圳	31594
34	仲利国际租赁有限公司	2005	上海	31000
35	融泰融资租赁（上海）有限公司	2013	上海	30000
35	天津冠唯租赁有限公司	2015	天津	30000
35	太行融资租赁（上海）有限公司	2015	上海	30000
35	中罗融资租赁（上海）有限公司	2015	上海	30000
35	海冷融资租赁有限公司	2015	上海	30000
35	上海兆颖融资租赁有限公司	2015	上海	30000
35	联蔚（上海）融资租赁有限公司	2015	上海	30000
35	上海百轶融资租赁有限公司	2015	上海	30000
35	蟠园融资租赁（上海）有限公司	2015	上海	30000
35	欧宝融资租赁（上海）有限公司	2016	上海	30000
35	鑫银融资租赁（上海）有限公司	2016	上海	30000
35	大合通力融资租赁有限公司	2016	上海	30000
35	上海钱米融资租赁有限公司	2016	上海	30000
35	深圳市天融融资租赁有限公司	2016	深圳	30000
35	普信融资租赁（深圳）有限公司	2016	深圳	30000
35	普思国际融资租赁（深圳）有限公司	2016	深圳	30000
35	融尊国际融资租赁（深圳）有限公司	2016	深圳	30000
35	中租创新融资租赁（深圳）有限公司	2016	深圳	30000
36	基石融资租赁（天津）有限公司	2012	天津	29999
36	青岛海皇融资租赁有限公司	2015	青岛	29999
37	费宁维斯特（天津）融资租赁有限公司	2015	天津	29980
38	金宝鼎国际融资租赁有限公司	2012	天津	29900
38	上海永盛融资租赁有限公司	2014	上海	29900
38	上海璞能融资租赁有限公司	2014	上海	29900
38	中懋国际融资租赁有限公司	2016	北京	29900
39	西安城投国际融资租赁有限公司	2016	西安	29800

排名	企业名称	注册时间	注册地	注册资金（万美元）
40	环通含舟（重庆）融资租赁有限公司	2014	重庆	29700
41	深圳市泰和融银融资租赁有限公司	2015	深圳	29000
41	山东海皇融资租赁有限公司	2015	潍坊	29000
41	本钢（烟台）融资租赁有限公司	2015	烟台	29000
41	瑞福青联融资租赁（天津）有限公司	2016	天津	29000
41	中港安成（深圳）国际融资租赁有限公司	2016	深圳	29000
42	大唐融资租赁有限公司	2012	天津	28986
42	华电融资租赁有限公司	2013	天津	28986
42	重庆明德融资租赁有限公司	2015	重庆	28986
42	国新融资租赁有限公司	2016	天津	28986
42	嘉翰（深圳）融资租赁有限公司	2016	深圳	28986
42	广荣融资租赁（深圳）有限公司	2015	深圳	28986
43	镇江新区金港融资租赁有限公司	2013	镇江	28696
44	上海创图融资租赁有限公司	2015	上海	28300
45	国鑫（天津）融资租赁有限责任公司	2016	天津	28116
46	中联重科融资租赁（中国）有限公司	2009	天津	28000
46	山东高速环球融资租赁有限公司	2012	济南	28000
46	元始融资租赁（上海）有限公司	2016	上海	28000
46	润恒（天津）融资租赁有限公司	2016	天津	28000
46	中融前海融资租赁（深圳）有限公司	2016	深圳	28000
46	深圳市百福生融资租赁有限责任公司	2016	深圳	28000
47	利程融资租赁（上海）有限公司	2015	上海	27092
48	新昌融资租赁（中国）有限公司	2016	深圳	26666
49	量通租赁有限公司	2006	广州	26087
49	广东盛通融资租赁有限公司	2011	广州	26087
49	广东中金大通融资租赁有限公司	2013	广州	26087
49	广东中金高盛融资租赁有限公司	2013	广州	26087
49	广东中金摩根融资租赁有限公司	2013	广州	26087

排名	企业名称	注册时间	注册地	注册资金（万美元）
49	广东中金美林融资租赁有限公司	2013	广州	26087
49	平安国际融资租赁（深圳）有限公司	2014	深圳	26087
49	宁波众泰融资租赁有限公司	2014	宁波	26087
49	北车（天津）融资租赁有限公司	2015	天津	26087
49	诚泰融资租赁（上海）有限公司	2015	上海	26087
49	上海汇途融资租赁有限公司	2015	上海	26087
49	原方融资租赁（上海）有限公司	2015	上海	26087
49	关圣融资租赁（上海）有限公司	2016	上海	26087
50	佳腾（中国）融资租赁有限公司	2015	上海	26000
51	浩科融资租赁（上海）有限公司	2012	上海	25507
52	融侨租赁有限公司	2013	济南	25000
52	合肥闽江融资租赁有限公司	2015	合肥	25000
52	本源（天津）国际融资租赁有限公司	2016	天津	25000
53	乾港融资租赁（上海）有限公司	2015	上海	24638
54	鑫源融资租赁（天津）股份有限公司	2014	天津	24159
55	狮桥融资租赁（中国）有限公司	2012	天津	23760
56	小松（中国）融资租赁有限公司	2007	上海	23623
57	深港国际石油融资租赁（深圳）有限公司	2013	深圳	23600
58	国邦融资租赁（上海）有限公司	2015	上海	23201
59	海科融资租赁（天津）有限公司	2014	天津	23188
60	知典融资租赁（上海）有限公司	2015	上海	22710
61	贵安恒信融资租赁（上海）有限公司	2016	上海	21739
61	广东中野融资租赁有限公司	2014	广州	21739
61	君创国际融资租赁有限公司	2015	上海	21739
61	巨亿融资租赁（上海）有限公司	2015	上海	21739
61	中联重科集团财务有限公司	2015	长沙	21739
61	河钢融资租赁有限公司	2016	天津	21739
61	招商局通商融资租赁有限公司	2016	天津	21739

排名	企业名称	注册时间	注册地	注册资金（万美元）
61	招商局融资租赁有限公司	2016	深圳	21739
61	中原航空融资租赁股份有限公司	2016	郑州	21739
62	青岛城乡建设融资租赁有限公司	2014	青岛	20719
63	东方信远融资租赁有限公司	2010	天津	20000
63	国投融资租赁有限公司	2013	上海	20000
63	海尔融资租赁（中国）有限公司	2013	上海	20000
63	中宏国际融资租赁有限公司	2013	深圳	20000
63	仟丰国际融资租赁有限公司	2014	天津	20000
63	国信锦城融资租赁有限公司	2014	上海	20000
63	东方融资租赁（上海）有限公司	2014	上海	20000
63	山东宏桥融资租赁有限公司	2014	滨州	20000
63	汇品国际融资租赁有限公司	2014	广州	20000
63	深圳远景融资租赁有限公司	2014	深圳	20000
63	国渝国际融资租赁有限公司	2015	天津	20000
63	华控（天津）融资租赁有限公司	2015	天津	20000
63	诚久远融国际融资租赁有限公司	2015	天津	20000
63	恒升融资租赁（天津）有限公司	2015	天津	20000
63	华琛融资租赁（上海）有限公司	2015	上海	20000
63	玖远融资租赁（上海）有限公司	2015	上海	20000
63	诺维（中国）融资租赁有限公司	2015	上海	20000
63	广源鑫融资租赁（上海）有限公司	2015	上海	20000
63	芯飞跃（中国）融资租赁有限公司	2015	上海	20000
63	海帝斯（中国）融资租赁有限公司	2015	上海	20000
63	上海腾凯融资租赁有限公司	2015	上海	20000
63	先锋太盟融资租赁有限公司	2015	上海	20000
63	彩虹桥（中国）融资租赁有限公司	2015	上海	20000
63	骏联（中国）融资租赁有限公司	2015	上海	20000
63	盈盛财富融资租赁（深圳）有限公司	2015	深圳	20000

排名	企业名称	注册时间	注册地	注册资金（万美元）
63	优力国际融资租赁（深圳）有限公司	2015	深圳	20000
63	汇文国际融资租赁有限公司	2015	广州	20000
63	宝量融资租赁有限公司	2015	广州	20000
63	屹唐融资租赁有限公司	2016	上海	20000
63	中核建融资租赁股份有限公司	2016	上海	20000
63	深圳中融信达国际融资租赁有限公司	2016	深圳	20000
63	中汇鑫融资租赁（深圳）有限公司	2016	深圳	20000
64	海科融资租赁（北京）有限公司	2012	北京	19900
65	浙江圆坤融资租赁有限公司	2015	杭州	19800
66	中铁建业融资租赁有限公司	2015	上海	19754
67	中广核国际融资租赁有限公司	2013	深圳	19175
68	浙江海亮融资租赁有限公司	2013	杭州	18980
69	立根融资租赁有限公司	2013	广州	18841
70	国网国际融资租赁有限公司	2011	天津	18667
71	雄博融资租赁（上海）股份有限公司	2016	上海	18551
72	瑞宝信达融资租赁有限公司	2015	天津	18279
73	融汇融资租赁（上海）有限公司	2014	上海	18261
74	同煤漳泽（上海）融资租赁有限责任公司	2015	上海	18116
74	甬信融资租赁（上海）有限公司	2015	上海	18116
75	基石国际融资租赁有限公司	2013	北京	18093
76	晋商国际融资租赁有限公司	2009	北京	18000
76	丝路亚太国际融资租赁（天津）有限公司	2015	天津	18000
77	上实融资租赁有限公司	2012	上海	17391
77	奥克斯融资租赁股份有限公司	2013	上海	17391
77	君信融资租赁（上海）有限公司	2013	上海	17391
77	内蒙古金控融资租赁有限公司	2014	呼和浩特	17391
77	天津信开融资租赁有限公司	2015	天津	17391
77	上海金展融资租赁有限公司	2015	上海	17391

排名	企业名称	注册时间	注册地	注册资金（万美元）
77	国森融资租赁（上海）有限公司	2015	上海	17391
77	上海联沓融资租赁有限公司	2015	上海	17391
77	深圳市国京发展融资租赁有限公司	2016	深圳	17391
77	上海华瑞融资租赁有限公司	2014	上海	17391
78	梅赛德斯—奔驰租赁有限公司	2012	北京	17356
79	立根融资租赁（上海）有限公司	2015	上海	17029
80	康正（北京）融资租赁有限责任公司	2012	北京	16800
80	广州市康信融资租赁有限公司	2012	广州	16800
81	博世（中国）投资有限公司	1999	上海	16717
82	广东融通融资租赁有限公司	2012	东莞	16500
82	港能国际融资租赁有限公司	2015	上海	16500
83	南方国际租赁有限公司	1989	深圳	16200
84	日立建机租赁（中国）有限公司	2007	上海	16100
85	上海康信融资租赁有限公司	2012	上海	16000
85	渤海钢铁集团（天津）融资租赁有限公司	2013	天津	16000
85	太钢（天津）融资租赁有限公司	2014	天津	16000
85	深圳前海腾源融资租赁有限公司	2014	深圳	16000
85	贵州汇融典石融资租赁有限公司	2014	贵阳	16000
85	天津景行融资租赁有限公司	2015	天津	16000
85	天津恒通嘉合融资租赁有限公司	2015	天津	16000
86	上海爱建融资租赁有限公司	2013	上海	15942
86	东森融资租赁（上海）有限公司	2015	上海	15942
86	长汇融资租赁有限公司	2015	上海	15942
87	联君融资租赁（上海）有限公司	2015	上海	15768
88	奇泛融资租赁（上海）有限公司	2015	上海	15652
88	广东瑞泰融资租赁有限公司	2015	广州	15652
89	翰利国际融资租赁有限公司	2014	上海	15507
90	华润租赁有限公司	2006	深圳	15500

排名	企业名称	注册时间	注册地	注册资金（万美元）
91	华中融资租赁有限公司	2013	江阴	15405
92	蓝宝石融资租赁有限公司	2016	上海	15362
93	上海海智融资租赁有限公司	2015	上海	15217
93	广东华天中海融资租赁有限公司	2015	广州	15217
94	中永顺融资租赁（上海）有限公司	2013	上海	15000
94	环球国际融资租赁（天津）有限公司	2014	天津	15000
94	丝途亚太国际融资租赁（天津）有限公司	2016	天津	15000
94	安和融资租赁（深圳）有限公司	2016	深圳	15000
94	泰展融资租赁（深圳）有限公司	2016	深圳	15000
94	湖北中翼融资租赁有限公司	2016	武汉	15000
94	纬通国际融资租赁有限公司	2013	天津	15000
94	创虹高盛融资租赁（深圳）有限公司	2016	深圳	15000
94	鼎启国际汽车融资租赁（深圳）有限公司	2016	深圳	15000
95	显鹤融资租赁（上海）有限公司	2015	上海	14506
96	广东明阳融资租赁有限公司	2012	广州	14493
96	广东蓝岛融资租赁有限公司	2012	广州	14493
96	中安联合国际融资租赁有限公司	2013	天津	14493
96	海华国际融资租赁有限公司	2013	天津	14493
96	国汇融资租赁有限公司	2014	北京	14493
96	金信兴业融资租赁有限公司	2014	天津	14493
96	云能融资租赁（上海）有限公司	2014	上海	14493
96	银融国际融资租赁有限公司	2014	上海	14493
96	上海越秀融资租赁有限公司	2014	上海	14493
96	东航国际融资租赁有限公司	2014	上海	14493
96	中国葛洲坝集团融资租赁有限公司	2014	上海	14493
96	茅台建银（上海）融资租赁有限公司	2014	上海	14493
96	光大幸福国际租赁有限公司	2014	上海	14493
96	上海信迪融资租赁有限公司	2014	上海	14493

排名	企业名称	注册时间	注册地	注册资金（万美元）
96	丰植融资租赁有限公司	2014	宿迁	14493
96	深圳金通融资租赁有限公司	2014	深圳	14493
96	顺诚融资租赁（深圳）有限公司	2014	深圳	14493
96	深圳贵金融资租赁股份有限公司	2014	深圳	14493
96	中冶融资租赁有限公司	2014	珠海	14493
96	伯益融资租赁有限公司	2014	杭州	14493
96	天津滨海新区科技融资租赁有限公司	2015	天津	14493
96	神华（天津）融资租赁有限公司	2015	天津	14493
96	金通汇丰融资租赁（天津）有限公司	2015	天津	14493
96	国寿国际融资租赁（天津）有限公司	2015	天津	14493
96	智乘融资租赁（天津）有限公司	2015	天津	14493
96	天津嘉恒达融资租赁有限公司	2015	天津	14493
96	西华碳汇融资租赁（天津）有限公司	2015	天津	14493
96	中核融资租赁有限公司	2015	上海	14493
96	上海磐顶融资租赁有限公司	2015	上海	14493
96	上海临鼎融资租赁有限公司	2015	上海	14493
96	上海灵石融资租赁有限公司	2015	上海	14493
96	上海小袋融资租赁有限公司	2015	上海	14493
96	上海大唐融资租赁有限公司	2015	上海	14493
96	启风融资租赁（上海）有限公司	2015	上海	14493
96	立远融资租赁有限公司	2015	上海	14493
96	上海康庄融资租赁有限公司	2015	上海	14493
96	保雅（中国）融资租赁有限公司	2015	上海	14493
96	中汇国金融资租赁有限公司	2015	上海	14493
96	伊丰（中国）融资租赁有限公司	2015	上海	14493
96	上海彩曼融资租赁有限公司	2015	上海	14493
96	澎颖融资租赁（上海）有限公司	2015	上海	14493
96	上海爱康富罗纳融资租赁有限公司	2015	上海	14493

排名	企业名称	注册时间	注册地	注册资金（万美元）
96	远汇融资租赁（上海）有限公司	2015	上海	14493
96	恩福融资租赁有限公司	2015	上海	14493
96	德宇融资租赁（上海）有限公司	2015	上海	14493
96	杉圭（上海）融资租赁有限公司	2015	上海	14493
96	厚田（深圳）融资租赁有限公司	2015	深圳	14493
96	广东同银融资租赁有限公司	2015	广州	14493
96	广东金磊融资租赁有限公司	2015	珠海	14493
96	睿翼（杭州）融资租赁有限公司	2015	杭州	14493
96	山东盈旺融资租赁有限公司	2015	济南	14493
96	厦门三安信达融资租赁有限公司	2015	厦门	14493
96	陕西金控融资租赁有限公司	2015	西安	14493
96	陕西鼎盛裕和融资租赁有限公司	2015	西安	14493
96	新疆中泰融资租赁有限公司	2015	伊犁	14493
96	富鸿（上海）融资租赁有限公司	2016	上海	14493
96	汉域融资租赁（上海）有限公司	2016	上海	14493
96	京衡融资租赁（上海）有限公司	2016	上海	14493
96	上海盘龙融资租赁有限公司	2016	上海	14493
96	众富融资租赁（上海）有限公司	2016	上海	14493
96	金锦融资租赁（上海）有限公司	2016	上海	14493
96	中滇融资租赁（上海）有限公司	2016	上海	14493
96	平安点创国际融资租赁有限公司	2016	上海	14493
96	上海华谊集团融资租赁有限公司	2016	上海	14493
96	上海鸿图云锦融资租赁有限公司	2016	上海	14493
96	金淇国际融资租赁（天津）有限公司	2016	天津	14493
96	中顺国际融资租赁有限公司	2016	天津	14493
96	晋建国际融资租赁（天津）有限公司	2016	天津	14493
96	天津玖尊融资租赁有限公司	2016	天津	14493
96	航泰国际融资租赁有限公司	2016	天津	14493

排名	企业名称	注册时间	注册地	注册资金（万美元）
96	天津轨道交通集团融资租赁有限公司	2016	天津	14493
96	聚信国际融资租赁（天津）有限公司	2016	天津	14493
96	冠鼎融资租赁（天津）有限公司	2016	天津	14493
96	华能汇金融资租赁（天津）有限公司	2016	天津	14493
96	众安国际融资租赁（天津）有限公司	2016	天津	14493
96	中国能源建设集团融资租赁有限公司	2016	天津	14493
96	瓴汇融资租赁（广东）有限公司	2016	广州	14493
96	嘉鸿国际融资租赁有限公司	2016	广州	14493
96	中航毅泰融资租赁有限公司	2016	广州	14493
96	国鑫达融资租赁（深圳）有限公司	2016	深圳	14493
96	深圳市民信融资租赁有限公司	2016	深圳	14493
96	南航国际融资租赁有限公司	2016	深圳	14493
96	德禾隆融资租赁（深圳）有限公司	2016	深圳	14493
96	国寿融资租赁有限公司	2016	深圳	14493
96	山东华宸融资租赁股份有限公司	2016	青岛	14493
96	中垠（泰安）融资租赁有限公司	2016	泰安	14493
96	陕西汇通天下融资租赁有限公司	2016	西安	14493
96	陕西华银融资租赁有限公司	2016	西安	14493
96	荣民融资租赁有限公司	2016	西安	14493
96	陕西君成融资租赁股份有限公司	2016	西安	14493
96	江西金源融资租赁有限公司	2016	上饶	14493
96	中津融资租赁有限公司	2016	伊犁	14493
96	大连装备融资租赁有限公司	2012	大连	14493
96	瑞盈信融（深圳）融资租赁有限公司	2014	深圳	14493
96	潜金融资租赁有限公司	2015	重庆	14493
96	四川汇鑫融资租赁有限公司	2016	泸州	14493
97	天津凯富融资租赁有限公司	2014	天津	14203
97	荟经（武汉）融资租赁有限公司	2016	武汉	14203

排名	企业名称	注册时间	注册地	注册资金（万美元）
98	天津恒成昌达融资租赁有限公司	2016	天津	14000
99	天津鼎诚易融国际融资租赁有限公司	2015	天津	13794
100	中信富通融资租赁有限公司	2010	北京	13493
101	中恒国际租赁有限公司	2008	北京	13408
102	医学之星（上海）租赁有限公司	2003	上海	13239
103	北京国资融资租赁股份有限公司	2014	北京	13043
103	中铁金控融资租赁有限公司	2015	天津	13043
103	吉致汽车金融有限公司	2015	上海	13043
103	鸿点（深圳）融资租赁有限公司	2016	深圳	13043
103	青岛盛世天成融资租赁有限公司	2016	青岛	13043
103	国药控股（中国）融资租赁有限公司	2015	上海	13043
104	现代融资租赁有限公司	2007	上海	13000
104	上海创裕融资租赁有限公司	2015	上海	13000
104	新浓融资租赁（天津）有限公司	2016	天津	13000
105	江苏华新融资租赁有限公司	2015	无锡	12800
106	斗山（中国）融资租赁有限公司	2007	北京	12600
107	广东钰通融资租赁有限公司	2013	广州	12464
107	迈森融资租赁（上海）有限公司	2014	上海	12464
107	广州宝盛融资租赁有限公司	2014	广州	12464
107	深圳前海万通融资租赁有限公司	2014	深圳	12464
107	鼎亿宝银（深圳）融资租赁有限公司	2014	深圳	12464
107	中铝融资租赁有限公司	2015	天津	12464
107	民富融资租赁（上海）有限公司	2015	上海	12464
107	东丰融资租赁（上海）有限公司	2015	上海	12464
107	华晨东亚汽车金融有限公司	2015	上海	12464
107	仁衡融资租赁（上海）有限公司	2015	上海	12464
107	仟丰（中国）融资租赁有限公司	2016	天津	12464
107	广发融资租赁（广东）有限公司	2016	广州	12464

排名	企业名称	注册时间	注册地	注册资金（万美元）
107	瑞隆宏祥融资租赁（深圳）有限公司	2016	深圳	12464
107	仁衡融资租赁（南通）有限公司	2016	南通	12464
108	国际商业机器租赁有限公司	2008	上海	12437
109	山东华恒融资租赁有限公司	2014	烟台	12370
110	南山融资租赁（天津）有限公司	2013	天津	12203
111	中国融资租赁有限公司	1986	大连	12114
112	道生国际融资租赁股份有限公司	2012	北京	12063
113	深圳广银投融资租赁有限公司	2014	深圳	12000
113	上海南霖融资租赁有限公司	2015	上海	12000
113	中博国际融资租赁（深圳）有限公司	2016	深圳	12000
114	万和融资租赁有限公司	2013	青岛	11798
115	吉龙国际融资租赁（天津）有限公司	2011	天津	11600
116	连云港云海融资租赁有限公司	2016	连云港	11500
117	创世（上海）融资租赁有限公司	2013	上海	11258
118	上海摩尔融资租赁有限公司	2015	上海	11130
119	悦达融资租赁有限公司	2012	盐城	11116
120	浙江汇金融资租赁有限公司	2007	杭州	11000
120	海天汇金融资租赁有限公司	2014	天津	11000
120	天贸国际融资租赁有限公司	2015	天津	11000
120	中亚投（深圳）融资租赁有限公司	2015	深圳	11000
121	思科系统（中国）融资租赁有限公司	2007	北京	10990
122	深圳前海汇原联行融资租赁有限公司	2015	深圳	10870
122	华物融资租赁（天津）有限公司	2016	天津	10870
123	欧亚奥美融资租赁有限公司	2016	天津	10610
123	浙江龙宇融资租赁有限公司	2014	嘉兴	10610
123	卓旗融资租赁（天津）有限公司	2016	天津	10610
123	正道千秋融资租赁有限公司	2016	天津	10610
123	慧通盈实融资租赁有限公司	2016	天津	10610

排名	企业名称	注册时间	注册地	注册资金（万美元）
124	山东国志融资租赁有限公司	2016	济南	10600
124	山东国宁融资租赁有限公司	2016	济南	10600
125	江苏东方融资租赁有限公司	2016	盐城	10500
126	泓博融资租赁（上海）有限公司	2013	上海	10400
127	帝力融资租赁（上海）有限公司	2014	上海	10246
128	江苏银业融资租赁有限公司	2010	南通	10166
129	南京国际租赁有限公司	1989	南京	10145
129	上海建滔融资租赁有限公司	2014	上海	10145
130	杜邦中国集团有限公司	1989	深圳	10000
130	日立租赁（中国）有限公司	2005	北京	10000
130	广东资雨泰融资租赁有限公司	2008	广州	10000
130	先锋国际融资租赁有限公司	2009	天津	10000
130	德泰（天津）融资租赁有限公司	2011	天津	10000
130	德尔国际租赁有限责任公司	2011	天津	10000
130	大摩融资租赁（中国）有限公司	2012	武汉	10000
130	蓝辰融资租赁有限公司	2012	天津	10000
130	瀚鸿融资租赁（天津）有限公司	2012	天津	10000
130	富成融资租赁有限公司	2012	上海	10000
130	上海力池融资租赁有限公司	2012	上海	10000
130	银德丰融资租赁有限公司	2012	北京	10000
130	大摩融资租赁（深圳）有限公司	2012	深圳	10000
130	浙江海洋租赁股份有限公司	2012	舟山	10000
130	中创国际融资租赁有限公司	2012	宁波	10000
130	中新能融资租赁有限公司	2013	上海	10000
130	朗润（上海）融资租赁有限公司	2013	上海	10000
130	富邦国际融资租赁有限公司	2013	天津	10000
130	汇众（天津）融资租赁有限公司	2013	天津	10000
130	亚太汇金融资租赁有限公司	2013	天津	10000

排名	企业名称	注册时间	注册地	注册资金（万美元）
130	弘海（天津）国际融资租赁有限公司	2014	天津	10000
130	中油国际融资租赁有限公司	2013	宁波	10000
130	宁波侨汇融资租赁有限公司	2013	宁波	10000
130	华租融资租赁有限责任公司	2012	拉萨	10000
130	江苏润兴融资租赁有限公司	2013	镇江	10000
130	迈石资本融资租赁有限公司	2013	深圳	10000
130	财富共赢融资租赁（深圳）有限公司	2013	深圳	10000
130	深圳胜海融资租赁有限公司	2013	深圳	10000
130	中天恒盛融资租赁有限公司	2014	北京	10000
130	中轨融资租赁有限公司	2014	天津	10000
130	国誉融资租赁有限公司	2014	天津	10000
130	万瑞联合国际融资租赁有限公司	2014	天津	10000
130	卡素（中国）融资租赁有限公司	2014	天津	10000
130	新华联融资租赁有限公司	2014	上海	10000
130	上海正通鼎泽融资租赁有限公司	2014	上海	10000
130	大势融资租赁（上海）有限公司	2014	上海	10000
130	上海鼎融融资租赁有限公司	2014	上海	10000
130	上海信意融资租赁有限责任公司	2014	上海	10000
130	绿地融资租赁有限公司	2014	上海	10000
130	银仁国际融资租赁（中国）有限公司	2014	上海	10000
130	中翎（上海）融资租赁有限公司	2014	上海	10000
130	德徽融资租赁（上海）有限公司	2014	上海	10000
130	坤盛国际融资租赁有限公司	2014	无锡	10000
130	济钢国际融资租赁有限公司	2014	济南	10000
130	广银（山东）融资租赁有限公司	2014	济南	10000
130	安成国际融资租赁有限公司	2014	深圳	10000
130	深圳前海信恒融资租赁有限公司	2014	深圳	10000
130	深圳前海法茂融资租赁有限公司	2014	深圳	10000

排名	企业名称	注册时间	注册地	注册资金（万美元）
130	深圳前海和兆融资租赁有限公司	2014	深圳	10000
130	明润恒通融资租赁有限公司	2014	深圳	10000
130	深圳中金融资租赁有限公司	2014	深圳	10000
130	深圳市光宇鑫融资租赁有限公司	2014	深圳	10000
130	横琴金投国际融资租赁有限公司	2014	珠海	10000
130	广东恒孚融资租赁有限公司	2014	珠海	10000
130	福建海西财富融资租赁有限公司	2014	福州	10000
130	浙江晶科融资租赁有限公司	2014	嘉兴	10000
130	金珂融资租赁有限公司	2014	石家庄	10000
130	广西嘉雅金杰融资租赁有限公司	2014	南宁	10000
130	国泰泛亚国际融资租赁有限公司	2015	天津	10000
130	津川新科（天津）融资租赁有限公司	2015	天津	10000
130	银信恒通融资租赁有限公司	2015	天津	10000
130	渤海联兴融资租赁有限公司	2015	天津	10000
130	华贵国际融资租赁（天津）有限公司	2015	天津	10000
130	捷众普惠国际融资租赁有限公司	2015	天津	10000
130	临宇（天津）融资租赁有限公司	2015	天津	10000
130	天津临港国际融资租赁有限公司	2015	天津	10000
130	东海亚太融资租赁（天津）有限公司	2015	天津	10000
130	融冠融资租赁（天津）有限公司	2015	天津	10000
130	金隅融资租赁有限公司	2015	天津	10000
130	天津金日融资租赁有限公司	2015	天津	10000
130	上合睦邻融资租赁（天津）有限公司	2015	天津	10000
130	奥图融信融资租赁有限公司	2015	天津	10000
130	华夏（天津）融资租赁有限公司	2015	天津	10000
130	多德派国际融资租赁（天津）有限公司	2015	天津	10000
130	上海经晟融资租赁有限公司	2015	上海	10000
130	融享（中国）融资租赁有限公司	2015	上海	10000

排名	企业名称	注册时间	注册地	注册资金（万美元）
130	米袋融资租赁（上海）有限公司	2015	上海	10000
130	上海鑫亿融资租赁有限公司	2015	上海	10000
130	上海宝盛融资租赁有限公司	2015	上海	10000
130	展星国际融资租赁有限公司	2015	上海	10000
130	辰星国际融资租赁（天津）有限公司	2016	天津	10000
130	承玺融资租赁（上海）有限公司	2015	上海	10000
130	恒汇（上海）融资租赁有限公司	2015	上海	10000
130	安稷融资租赁（上海）有限公司	2015	上海	10000
130	上善若（中国）融资租赁有限公司	2015	上海	10000
130	互加融资租赁（上海）有限公司	2015	上海	10000
130	润昱（上海）融资租赁有限公司	2015	上海	10000
130	上海国腾融资租赁有限公司	2015	上海	10000
130	上元融资租赁（上海）有限公司	2015	上海	10000
130	上海璞丰融资租赁有限公司	2015	上海	10000
130	众元融资租赁（上海）有限公司	2015	上海	10000
130	耀玺融资租赁（上海）有限公司	2015	上海	10000
130	泰印融资租赁（上海）有限公司	2015	上海	10000
130	无量融资租赁（上海）有限公司	2015	上海	10000
130	畅毓（上海）融资租赁有限公司	2015	上海	10000
130	上海新泰洋融资租赁有限公司	2015	上海	10000
130	汇湘融资租赁（上海）有限公司	2015	上海	10000
130	中金汇理融资租赁有限公司	2015	上海	10000
130	慧谷天成融资租赁有限公司	2015	上海	10000
130	上海昱德融资租赁有限公司	2015	上海	10000
130	信易融国际融资租赁有限公司	2015	深圳	10000
130	山钢金控融资租赁（深圳）有限公司	2015	深圳	10000
130	深圳市国行融资租赁有限公司	2015	深圳	10000
130	深圳鲁滨大通融资租赁有限公司	2015	深圳	10000

排名	企业名称	注册时间	注册地	注册资金（万美元）
130	前海中至正（深圳）国际融资租赁有限公司	2015	深圳	10000
130	深圳前海富金融资租赁有限公司	2015	深圳	10000
130	中汇富通融资租赁（深圳）有限责任公司	2015	深圳	10000
130	灏昌融资租赁有限公司	2015	广州	10000
130	粤非融资租赁有限公司	2015	广州	10000
130	湖州融汇嘉恒融资租赁有限公司	2015	湖州	10000
130	多加融资租赁（杭州）有限公司	2015	杭州	10000
130	三合盛隆融资租赁有限公司	2015	烟台	10000
130	广西融资租赁有限公司	2015	南宁	10000
130	辉恒融资租赁（上海）有限公司	2016	上海	10000
130	联重（上海）融资租赁有限公司	2016	上海	10000
130	稳稷融资租赁（上海）有限公司	2016	上海	10000
130	复兴（天津）融资租赁股份有限公司	2016	天津	10000
130	天津桑德融资租赁有限公司	2016	天津	10000
130	中轮国际融资租赁（天津）有限公司	2016	天津	10000
130	盛融（天津）融资租赁有限公司	2016	天津	10000
130	嘉信海粤融资租赁有限公司	2016	天津	10000
130	天使鼎盛（天津）融资租赁有限公司	2016	天津	10000
130	天津光辉奕晟融资租赁有限公司	2016	天津	10000
130	道尚国际融资租赁（天津）有限公司	2016	天津	10000
130	代步融资租赁（中国）股份有限公司	2016	天津	10000
130	禹取融资租赁（天津）有限公司	2016	天津	10000
130	润驰国际融资租赁有限公司	2016	天津	10000
130	民安融资租赁（天津）有限公司	2016	天津	10000
130	国源泰富（天津）融资租赁有限公司	2016	天津	10000
130	弘业国际融资租赁（天津）有限公司	2016	天津	10000
130	富华（天津）融资租赁有限公司	2016	天津	10000
130	前海辉腾融资租赁（深圳）有限公司	2016	深圳	10000

排名	企业名称	注册时间	注册地	注册资金（万美元）
130	中桥国际融资租赁有限公司	2016	深圳	10000
130	中港通达国际融资租赁（深圳）有限公司	2016	深圳	10000
130	深圳市信达融资租赁有限公司	2016	深圳	10000
130	深圳弘鑫融资租赁有限公司	2016	深圳	10000
130	亿盛融资租赁（深圳）有限公司	2016	深圳	10000
130	深圳龙之旅融资租赁有限公司	2016	深圳	10000
130	中盛国际融资租赁（深圳）有限公司	2016	深圳	10000
130	中成融合融资租赁（深圳）有限公司	2016	深圳	10000
130	中投海外融资租赁（深圳）有限公司	2016	深圳	10000
130	嘉信岭南融资租赁有限公司	2016	珠海	10000
130	横琴迈石汇海融资租赁有限公司	2016	珠海	10000
130	鑫海（珠海）融资租赁有限公司	2016	珠海	10000
130	中福融资租赁（镇江）有限公司	2016	镇江	10000
130	中信汇金融资租赁（四川）有限公司	2016	成都	10000
130	无锡金控融资租赁有限公司	2014	无锡	10000
130	丰汇国际融资租赁（深圳）有限公司	2016	深圳	10000
130	斑鸠融资租赁（上海）有限公司	2015	上海	10000
130	中歆国际融资租赁（深圳）有限公司	2016	深圳	10000
131	安徽盛泽融资租赁有限公司	2015	蚌埠	9999
132	东租融资租赁有限责任公司	2012	广州	9998
133	中融宏翔（常州）融资租赁有限公司	2014	常州	9980
133	前海金杰（深圳）融资租赁有限公司	2014	深圳	9980
134	广东粤海融资租赁有限公司	2011	广州	9900
134	杭州金投融资租赁有限公司	2013	杭州	9900
134	大业融资租赁（上海）有限公司	2014	上海	9900
134	华品融资租赁（深圳）有限公司	2016	深圳	9900
135	上海靖云融资租赁有限公司	2015	上海	9855
136	东领融资租赁（上海）有限公司	2015	上海	9800

排名	企业名称	注册时间	注册地	注册资金（万美元）
137	上海瑞讯融资租赁有限公司	2014	上海	9565
137	上海汇诚融资租赁有限公司	2015	上海	9565
138	珠海富明融资租赁有限公司	2011	珠海	9500
139	上海络银融资租赁有限公司	2015	上海	9420
139	深圳中融能信融资租赁有限公司	2015	深圳	9420
140	浙江嘉欣融资租赁有限公司	2016	嘉兴	9290
141	泰成融资租赁（上海）有限公司	2015	上海	9130
141	颖悦融资租赁（上海）有限公司	2015	上海	9130
142	广东润银融资租赁有限公司	2015	广州	9104
143	江西中通融资租赁有限公司	2014	南昌	9091
144	中航纽赫融资租赁（上海）有限公司	2014	上海	9063
145	拉赫兰顿融资租赁（中国）有限公司	2005	上海	9000
145	常州丰盛融资租赁有限公司	2013	苏州	9000
145	环球泰达融资租赁有限公司	2014	北京	9000
145	和泰国际融资租赁有限公司	2014	广州	9000
145	福建省海创融资租赁有限公司	2014	泉州	9000
146	上海加敬融资租赁有限公司	2014	上海	8986
146	广东粤科融资租赁有限公司	2014	佛山	8986
146	宁波顺博融资租赁有限公司	2014	宁波	8986
147	广州市宇庄融资租赁有限公司	2015	广州	8800
148	广东粤信融资租赁有限公司	2013	广州	8746
149	鑫宇国际融资租赁有限公司	2013	上海	8696
149	广东禧成融资租赁有限公司	2013	广州	8696
149	建融信融资租赁（天津）有限公司	2014	天津	8696
149	金树融资租赁（天津）有限公司	2014	天津	8696
149	海通恒信融资租赁（上海）有限公司	2014	上海	8696
149	威俐达国际融资租赁有限公司	2014	上海	8696
149	春霖融资租赁（深圳）有限公司	2014	深圳	8696

排名	企业名称	注册时间	注册地	注册资金（万美元）
149	建元资本（中国）融资租赁有限公司	2014	上海	8696
149	中城建（上海）融资租赁有限公司	2014	上海	8696
149	德汇融资租赁有限公司	2014	上海	8696
149	上海马太融资租赁有限公司	2014	上海	8696
149	诚开融资租赁有限公司	2014	上海	8696
149	广州屯建融资租赁有限公司	2014	广州	8696
149	河北中诚信融资租赁有限公司	2014	石家庄	8696
149	中航（北京）融资租赁有限公司	2015	北京	8696
149	惠迪（天津）商务服务有限公司	2015	天津	8696
149	上海明玺融资租赁有限公司	2015	上海	8696
149	众永融资租赁（上海）有限公司	2015	上海	8696
149	宝理融资租赁（上海）有限公司	2015	上海	8696
149	佳信融资租赁（上海）有限公司	2015	上海	8696
149	上海峰瑞融资租赁有限公司	2015	上海	8696
149	上海国辰融资租赁有限公司	2015	上海	8696
149	俊豪融资租赁（上海）有限公司	2015	上海	8696
149	上海融侨融资租赁有限公司	2015	上海	8696
149	安广融资租赁（上海）有限公司	2015	上海	8696
149	上海隆晟融资租赁有限公司	2015	上海	8696
149	上海明穗融资租赁有限公司	2015	上海	8696
149	禾天融资租赁（上海）有限公司	2015	上海	8696
149	皇卜融资租赁（上海）有限公司	2015	上海	8696
149	凯源融资租赁有限公司	2015	上海	8696
149	金杜融资租赁（上海）有限公司	2015	上海	8696
149	上海明卫融资租赁有限公司	2015	上海	8696
149	大盈融资租赁有限公司	2015	上海	8696
149	成飞（上海）融资租赁有限公司	2015	上海	8696
149	上海中驭融资租赁有限公司	2015	上海	8696

排名	企业名称	注册时间	注册地	注册资金（万美元）
149	安实融资租赁有限公司	2015	上海	8696
149	永宝融资租赁有限公司	2015	上海	8696
149	国沣融资租赁有限公司	2015	上海	8696
149	上海捷丰融资租赁有限公司	2015	上海	8696
149	财苑豪德融资租赁有限公司	2015	杭州	8696
149	中合百方融资租赁（杭州）有限公司	2015	杭州	8696
149	万商汇融资租赁有限公司	2015	杭州	8696
149	浙江众荣融资租赁有限公司	2015	金华	8696
149	上海富金鸿瀚融资租赁有限公司	2016	上海	8696
149	上海鸿韵融资租赁有限公司	2016	上海	8696
149	名荣融资租赁（上海）有限公司	2016	上海	8696
149	上海橡子融资租赁有限公司	2016	上海	8696
149	嘉宇国际融资租赁股份有限公司	2016	上海	8696
149	天津点融融资租赁有限公司	2016	天津	8696
149	深圳市鸿利融资租赁有限公司	2016	深圳	8696
149	嘉美华融资租赁有限公司	2016	深圳	8696
149	利丰佳业融资租赁（深圳）有限公司	2016	深圳	8696
149	耀腾国际融资租赁有限公司	2015	广州	8696
149	深圳市鼎盛百汇融资租赁有限公司	2015	深圳	8696
149	广东汇丰融资租赁有限公司	2016	广州	8696
150	深圳诺德融资租赁有限公司	2012	深圳	8641
151	港兆资租赁（深圳）有限公司	2016	深圳	8536
152	卡特彼勒（中国）融资租赁有限公司	2004	北京	8500
152	久保田（中国）融资租赁有限公司	2012	上海	8500
152	伟仕（上海）融资租赁有限公司	2015	上海	8500
152	浩睿融资租赁（上海）有限公司	2015	上海	8500
153	广东联合租赁有限公司	2013	广州	8480
154	上海力思融资租赁有限公司	2015	上海	8406

排名	企业名称	注册时间	注册地	注册资金（万美元）
154	上海鹏派融资租赁有限公司	2015	上海	8406
154	苍瀚融资租赁（上海）有限公司	2015	上海	8406
154	中裕金控融资租赁有限公司	2016	上海	8406
154	上海聚团融资租赁有限公司	2016	上海	8406
154	倾荣融资租赁（深圳）有限公司	2016	深圳	8406
155	鸿儒融资租赁（上海）有限公司	2014	上海	8400
156	天物昌威国际融资租赁有限公司	2012	天津	8363
157	盛哲融资租赁（上海）有限公司	2014	上海	8300
158	深圳京能融资租赁有限公司	2014	深圳	8251
159	国鼎基业融资租赁有限公司	2015	北京	8200
159	上海万唐融资租赁有限公司	2015	上海	8200
160	中电通商融资租赁有限公司	2014	上海	8110
161	港联融资租赁有限公司	2010	邢台	8103
162	潍坊滨投德普融资租赁有限公司	2016	潍坊	8065
163	康正（天津）融资租赁有限责任公司	2011	天津	8000
163	瑞泽国际融资租赁有限公司	2012	天津	8000
163	天津哈兰融资租赁有限公司	2014	天津	8000
163	长融国际融资租赁有限责任公司	2013	重庆	8000
163	南通贝斯融资租赁有限公司	2013	南通	8000
163	广东屯兴融资租赁有限公司	2014	广州	8000
163	中集前海融资租赁（深圳）有限公司	2014	深圳	8000
163	中睿智慧融资租赁（深圳）有限公司	2014	深圳	8000
163	陕西恒通国际融资租赁有限公司	2014	西安	8000
163	天津众赢融资租赁有限公司	2015	天津	8000
163	上海磊精融资租赁有限公司	2015	上海	8000
163	晶泽融资租赁（上海）有限公司	2015	上海	8000
163	陕鑫融资租赁（上海）有限公司	2015	上海	8000
163	前海三泓融资租赁（深圳）有限公司	2015	深圳	8000

排名	企业名称	注册时间	注册地	注册资金（万美元）
163	深圳前海天弘融资租赁有限公司	2015	深圳	8000
163	安信盈通融资租赁有限公司	2015	广州	8000
163	中资信合（天津）融资租赁有限公司	2016	天津	8000
163	天津中和融资租赁有限公司	2016	天津	8000
163	华汇融资租赁（天津）有限公司	2016	天津	8000
163	汇银万国（深圳）融资租赁有限公司	2016	深圳	8000
163	深圳市前海牛火火融资租赁有限公司	2016	深圳	8000
163	深圳市蕴德丰百年融资租赁有限公司	2016	深圳	8000
163	深圳前海赢通融资租赁有限公司	2016	深圳	8000
163	汉鼎宇佑融资租赁有限公司	2016	舟山	8000
163	北京恒嘉国际融资租赁有限公司	2010	北京	8000
163	上海人人融资租赁有限公司	2015	上海	8000
163	中科浦江融资租赁（深圳）有限公司	2016	深圳	8000
164	青岛国誉融资租赁有限公司	2014	青岛	7998
165	国药集团融资租赁有限公司	2013	北京	7976
166	宏润（上海）融资租赁有限公司	2014	上海	7971
167	安诺久通汽车租赁有限公司	2007	上海	7959
168	连云港智源融资租赁有限公司	2016	连云港	7890
169	西王融资租赁有限公司	2016	深圳	7725
170	西门子财务租赁有限公司	2004	北京	7600
171	江山宝源国际融资租赁有限公司	2014	深圳	7595
172	国本财富融资租赁有限公司	2015	上海	7590
173	三井住友融资租赁（中国）有限公司	1996	广州	7500
173	上海三井住友总合融资租赁有限公司	2015	上海	7500
173	山东国深融资租赁有限公司	2016	济南	7500
174	吉贡融资租赁（上海）有限公司	2015	上海	7400
175	天鼎融资租赁有限公司	2014	上海	7261
175	中辉瑞盈融资租赁有限公司	2014	上海	7261

排名	企业名称	注册时间	注册地	注册资金（万美元）
176	森工融资租赁（上海）有限公司	2015	上海	7254
177	易汇资本（中国）融资租赁有限公司	2010	天津	7250
178	百利融资租赁有限公司	2014	天津	7246
178	上海鑫融源融资租赁有限公司	2016	上海	7246
178	深圳市前海富港融资租赁有限公司	2015	深圳	7246
178	翔龙融资租赁（北京）有限公司	2008	北京	7246
178	广东富邦融资租赁有限公司	2009	广州	7246
178	成都金控融资租赁有限公司	2010	成都	7246
178	广州银达融资租赁有限公司	2010	广州	7246
178	中润融资租赁（上海）有限公司	2010	上海	7246
178	吉林恒通融资租赁有限公司	2011	长春	7246
178	中基宝通（天津）融资租赁有限责任公司	2011	天津	7246
178	昊盈融资租赁有限公司	2011	天津	7246
178	宝信国际融资租赁有限公司	2011	西安	7246
178	广东同孚融资租赁有限公司	2011	广州	7246
178	中融瑞银融资租赁有限公司	2012	天津	7246
178	上海英晖融资租赁有限公司	2012	上海	7246
178	广东益通融资租赁有限公司	2012	广州	7246
178	广东盈通融资租赁有限公司	2012	广州	7246
178	广东中穗融资租赁有限公司	2012	中山	7246
178	山东东海融资租赁股份有限公司	2012	东营	7246
178	中银鼎盛融资租赁有限责任公司	2013	北京	7246
178	誉高融资租赁有限公司	2013	北京	7246
178	远胜融资租赁（上海）有限公司	2013	上海	7246
178	广东弘晖泰融资租赁有限公司	2013	广州	7246
178	亿博高科（河北）融资租赁有限公司	2013	石家庄	7246
178	中富经纬融资租赁有限公司	2014	北京	7246
178	中能达融资租赁有限公司	2014	北京	7246

排名	企业名称	注册时间	注册地	注册资金（万美元）
178	中浩国际融资租赁有限公司	2014	北京	7246
178	亿通融资租赁有限公司	2014	天津	7246
178	中节能（天津）融资租赁有限公司	2014	天津	7246
178	津联（天津）融资租赁有限公司	2014	天津	7246
178	中铁中基国际融资租赁有限公司	2014	天津	7246
178	天津中环融资租赁有限公司	2014	天津	7246
178	中船融资租赁（天津）有限公司	2014	天津	7246
178	天津南车融资租赁有限公司	2014	天津	7246
178	富利融资租赁有限公司	2014	上海	7246
178	翔龙融资租赁（上海）有限公司	2014	上海	7246
178	力帆融资租赁（上海）有限公司	2014	上海	7246
178	上海鑫通融资租赁有限公司	2014	上海	7246
178	上海瑞驰融资租赁有限公司	2014	上海	7246
178	上海大众融资租赁有限公司	2014	上海	7246
178	春秋融资租赁（上海）有限公司	2014	上海	7246
178	上海铁摩融资租赁有限公司	2014	上海	7246
178	瑞辰绿能（上海）融资租赁有限公司	2014	上海	7246
178	世基融资租赁（上海）有限公司	2014	上海	7246
178	上海上合融资租赁有限公司	2014	上海	7246
178	锦玉融资租赁（上海）有限公司	2014	上海	7246
178	统威融资租赁（上海）有限公司	2014	上海	7246
178	上海日升融资租赁有限公司	2014	上海	7246
178	合智融资租赁（上海）有限公司	2014	上海	7246
178	江苏三汇融资租赁有限公司	2014	苏州	7246
178	广州正銮融资租赁有限公司	2014	广州	7246
178	广东大象融资租赁有限公司	2014	广州	7246
178	广州瑞信融资租赁有限公司	2014	广州	7246
178	广东力巨融资租赁有限公司	2014	广州	7246

排名	企业名称	注册时间	注册地	注册资金（万美元）
178	深圳大洋电机融资租赁有限公司	2014	深圳	7246
178	深圳咏圣凌融资租赁有限公司	2014	深圳	7246
178	深圳市中汇世银融资租赁有限公司	2014	深圳	7246
178	重庆两江机器人融资租赁有限公司	2014	重庆	7246
178	正信通宝融资租赁有限公司	2015	北京	7246
178	连赢融资租赁有限公司	2015	天津	7246
178	世航国际融资租赁有限公司	2015	天津	7246
178	天津信诺融资租赁有限公司	2015	天津	7246
178	中福华海融资租赁有限公司	2015	天津	7246
178	天津君和融资租赁有限公司	2015	天津	7246
178	中兵融资租赁有限责任公司	2015	天津	7246
178	北江融资租赁（上海）有限公司	2015	上海	7246
178	万江融资租赁（上海）有限公司	2015	上海	7246
178	澄银融资租赁（上海）有限公司	2015	上海	7246
178	上海景泰融资租赁有限公司	2015	上海	7246
178	翰晟融资租赁（上海）有限公司	2015	上海	7246
178	鼎韬融资租赁（上海）有限公司	2015	上海	7246
178	沣融融资租赁（上海）有限公司	2015	上海	7246
178	聚丰融资租赁（上海）有限公司	2015	上海	7246
178	隽实融资租赁（上海）有限公司	2015	上海	7246
178	上海同颐融资租赁有限公司	2015	上海	7246
178	瑞龙桦融资租赁有限公司	2015	上海	7246
178	六合融资租赁（上海）有限公司	2015	上海	7246
178	上海明程融资租赁有限公司	2015	上海	7246
178	创秀融资租赁（上海）有限公司	2015	上海	7246
178	上海聚景融资租赁有限公司	2015	上海	7246
178	同进融资租赁（上海）有限公司	2015	上海	7246
178	圳源（上海）融资租赁有限公司	2015	上海	7246

排名	企业名称	注册时间	注册地	注册资金（万美元）
178	中易（上海）融资租赁有限公司	2015	上海	7246
178	宏硕融资租赁（上海）有限公司	2015	上海	7246
178	辰泰融资租赁（上海）有限公司	2015	上海	7246
178	宝德融资租赁（上海）有限公司	2015	上海	7246
178	震泰融资租赁（上海）有限公司	2015	上海	7246
178	东方日升融资租赁有限公司	2015	上海	7246
178	兴辰融资租赁（上海）有限公司	2015	上海	7246
178	徽熳融资租赁（上海）有限公司	2015	上海	7246
178	联腾融资租赁（上海）有限公司	2015	上海	7246
178	中溢融资租赁（上海）有限公司	2015	上海	7246
178	连横宝融资租赁有限公司	2015	上海	7246
178	新耀融资租赁（上海）有限公司	2015	上海	7246
178	华浮融资租赁有限公司	2015	上海	7246
178	上海领秀融资租赁有限公司	2015	上海	7246
178	上海宜信融资租赁有限公司	2015	上海	7246
178	宜信（天津）国际融资租赁有限公司	2015	天津	7246
178	华夏全通（上海）融资租赁有限公司	2015	上海	7246
178	上海伽京融资租赁有限公司	2015	上海	7246
178	东伊融资租赁（上海）有限公司	2015	上海	7246
178	金巍融资租赁（上海）有限公司	2015	上海	7246
178	日益融资租赁（上海）有限公司	2015	上海	7246
178	远大（上海）融资租赁有限公司	2015	上海	7246
178	铭冠融资租赁（上海）有限公司	2015	上海	7246
178	东信融资租赁（上海）有限公司	2015	上海	7246
178	海杰（中国）融资租赁有限公司	2015	上海	7246
178	上海国厚融资租赁有限公司	2015	上海	7246
178	厚泽融资租赁（上海）有限公司	2015	上海	7246
178	卓宏融资租赁（上海）有限公司	2015	上海	7246

排名	企业名称	注册时间	注册地	注册资金（万美元）
178	弘鑫融资租赁（上海）有限公司	2015	上海	7246
178	川美融资租赁（上海）有限公司	2015	上海	7246
178	上海汇正融资租赁有限公司	2015	上海	7246
178	华金胜业融资租赁（上海）有限公司	2015	上海	7246
178	上海海帆融资租赁有限公司	2015	上海	7246
178	茸宇融资租赁（上海）有限公司	2015	上海	7246
178	封泰融资租赁（上海）有限公司	2015	上海	7246
178	上海普丰融资租赁有限公司	2015	上海	7246
178	上海臣铎融资租赁有限公司	2015	上海	7246
178	高淼融资租赁（上海）有限公司	2015	上海	7246
178	焦煤融资租赁有限公司	2015	上海	7246
178	冀信融资租赁（上海）有限公司	2015	上海	7246
178	国宁融资租赁（上海）有限公司	2015	上海	7246
178	上海风林火山融资租赁有限公司	2015	上海	7246
178	上海润沃融资租赁有限公司	2015	上海	7246
178	上海恒通融资租赁有限公司	2015	上海	7246
178	卓信融资租赁（上海）有限公司	2015	上海	7246
178	丰源融资租赁（上海）有限公司	2015	上海	7246
178	上海沃石融资租赁有限公司	2015	上海	7246
178	上海致杰融资租赁有限公司	2015	上海	7246
178	勇创融资租赁（上海）有限公司	2015	上海	7246
178	上海帆茂融资租赁有限公司	2015	上海	7246
178	上海曲祥融资租赁有限公司	2015	上海	7246
178	上海元晟融资租赁有限公司	2015	上海	7246
178	上海豫港融资租赁有限公司	2015	上海	7246
178	航天融资租赁有限公司	2015	上海	7246
178	上海汇科融资租赁有限公司	2015	上海	7246
178	上海东正汽车金融有限责任公司	2015	上海	7246

排名	企业名称	注册时间	注册地	注册资金（万美元）
178	金晅融资租赁（上海）有限公司	2015	上海	7246
178	上海弘祥融资租赁有限公司	2015	上海	7246
178	卓达融资租赁（上海）有限公司	2015	上海	7246
178	上海蓝科融资租赁有限公司	2015	上海	7246
178	深圳市盛屯融资租赁有限公司	2015	深圳	7246
178	深圳惠银国际融资租赁有限公司	2015	深圳	7246
178	深圳市禾盛融资租赁有限公司	2015	深圳	7246
178	深圳创维融资租赁有限公司	2015	深圳	7246
178	摄正融资租赁（深圳）有限公司	2016	深圳	7246
178	正道融资租赁（深圳）有限公司	2015	深圳	7246
178	港中旅国际融资租赁有限公司	2015	深圳	7246
178	中商国能融资租赁有限公司	2015	深圳	7246
178	亚金联融资租赁有限公司	2015	深圳	7246
178	深圳市前海中邦泰融资租赁有限公司	2015	深圳	7246
178	深圳市旭日东升融资租赁有限公司	2015	深圳	7246
178	睿晖融资租赁有限公司	2015	广州	7246
178	广东双开颜融资租赁有限公司	2015	广州	7246
178	广州京卫汇京融资租赁有限公司	2015	广州	7246
178	广州鼎毅佳融资租赁有限公司	2015	广州	7246
178	广东昌仁融资租赁有限公司	2015	广州	7246
178	广东创祥融资租赁有限公司	2015	广州	7246
178	杭州君亮融资租赁有限公司	2015	杭州	7246
178	重庆国兴融资租赁有限公司	2015	重庆	7246
178	仟丰联合融资租赁有限公司	2015	青岛	7246
178	山东豪沃汽车金融有限公司	2015	济南	7246
178	安徽新大地融资租赁有限公司	2015	蚌埠	7246
178	港银融资租赁有限公司	2015	厦门	7246
178	上海鼎馨融资租赁有限公司	2016	上海	7246

排名	企业名称	注册时间	注册地	注册资金（万美元）
178	上海鼎彭融资租赁有限公司	2016	上海	7246
178	银昌（上海）融资租赁有限公司	2016	上海	7246
178	海铭融资租赁（上海）有限公司	2016	上海	7246
178	上海红融融资租赁有限公司	2016	上海	7246
178	上海汇茂融资租赁有限公司	2016	上海	7246
178	上海金图融资租赁有限公司	2016	上海	7246
178	上海广嘉融资租赁有限公司	2016	上海	7246
178	乾度融资租赁（上海）有限公司	2016	上海	7246
178	上海二三四五融资租赁有限公司	2016	上海	7246
178	桂海融资租赁（上海）有限公司	2016	上海	7246
178	东融融资租赁（上海）有限公司	2016	上海	7246
178	国励国际融资租赁有限公司	2016	上海	7246
178	上海荣歆融资租赁有限公司	2016	上海	7246
178	上海聚品融资租赁有限公司	2016	上海	7246
178	俊实融资租赁（上海）有限公司	2016	上海	7246
178	鼎朗融资租赁（上海）有限公司	2016	上海	7246
178	上海金益融资租赁有限公司	2016	上海	7246
178	钰鑫融资租赁（上海）有限公司	2016	上海	7246
178	麦沃融资租赁（上海）有限公司	2016	上海	7246
178	上海信联融资租赁有限公司	2016	上海	7246
178	山鹰（上海）融资租赁有限公司	2016	上海	7246
178	圣骐融资租赁（上海）有限公司	2016	上海	7246
178	优金融资租赁（上海）有限公司	2016	上海	7246
178	意九融资租赁（上海）有限公司	2016	上海	7246
178	上海萍旺融资租赁有限公司	2016	上海	7246
178	庆疆融资租赁（上海）有限公司	2016	上海	7246
178	上海江铜融资租赁有限公司	2016	上海	7246
178	摩大融资租赁（上海）有限公司	2016	上海	7246

排名	企业名称	注册时间	注册地	注册资金（万美元）
178	恒发融资租赁（上海）有限公司	2016	上海	7246
178	富尔国际融资租赁（天津）有限公司	2016	天津	7246
178	天津恒辉融资租赁有限公司	2016	天津	7246
178	奕和汇海国际融资租赁（天津）有限公司	2016	天津	7246
178	天津信联融资租赁有限公司	2016	天津	7246
178	世迪融资租赁（天津）有限公司	2016	天津	7246
178	天津威康国际融资租赁有限公司	2016	天津	7246
178	津蒙汇金（天津）融资租赁有限公司	2016	天津	7246
178	华信嘉意融资租赁（天津）有限公司	2016	天津	7246
178	天海（天津）融资租赁有限公司	2016	天津	7246
178	睿悦融资租赁（天津）有限公司	2016	天津	7246
178	晋能（天津）融资租赁有限公司	2016	天津	7246
178	百基鸿运融资租赁有限公司	2016	天津	7246
178	合康国际融资租赁有限公司	2016	天津	7246
178	紫光融资租赁有限公司	2016	天津	7246
178	广东睿麟融资租赁有限公司	2016	广州	7246
178	广州全融融资租赁有限公司	2016	广州	7246
178	广东粤租融资租赁有限公司	2016	广州	7246
178	广东道华融资租赁有限公司	2016	广州	7246
178	深圳中业融资租赁有限公司	2016	深圳	7246
178	中鑫国际融资租赁（深圳）有限公司	2016	深圳	7246
178	深圳前海桂金融资租赁有限公司	2016	深圳	7246
178	前海晋商国际融资租赁（深圳）有限公司	2016	深圳	7246
178	钱多多融资租赁（深圳）有限公司	2016	深圳	7246
178	顶秀融资租赁（深圳）有限公司	2016	深圳	7246
178	广汇融资租赁（深圳）有限公司	2016	深圳	7246
178	恒通智远融资租赁（深圳）有限公司	2016	深圳	7246
178	国银前海融资租赁（深圳）有限公司	2016	深圳	7246

排名	企业名称	注册时间	注册地	注册资金（万美元）
178	云锡（深圳）融资租赁有限公司	2016	深圳	7246
178	华氏融资租赁（深圳）有限公司	2016	深圳	7246
178	中融万合（深圳）融资租赁有限公司	2016	深圳	7246
178	瑞圣融资租赁（深圳）有限公司	2016	深圳	7246
178	横琴俊来融资租赁有限公司	2016	珠海	7246
178	华翼融资租赁有限公司	2016	珠海	7246
178	瑞盈信融（厦门）融资租赁有限公司	2016	厦门	7246
178	中基汇融资租赁（厦门）有限公司	2016	厦门	7246
178	广星茂航（厦门）融资租赁有限公司	2016	厦门	7246
178	耀福尔（厦门）融资租赁有限公司	2016	厦门	7246
178	漳州市富金鸿瀚融资租赁有限公司	2016	漳州	7246
178	苏州诺金融资租赁有限公司	2016	苏州	7246
178	裕隆汽车金融（中国）有限公司	2016	杭州	7246
178	山东祥达融资租赁有限公司	2016	济南	7246
178	硅谷创展融资租赁有限公司	2016	潍坊	7246
178	重庆盛景鸿阳融资租赁有限公司	2016	重庆	7246
178	河南富国泓信融资租赁有限公司	2016	郑州	7246
178	陕西省水务集团融资租赁有限公司	2016	西安	7246
178	山东威高融资租赁有限公司	2014	威海	7246
178	嘉宝融资租赁（深圳）有限公司	2016	深圳	7246
178	天津唐银融资租赁有限公司	2015	天津	7246
178	馨富融资租赁（上海）有限公司	2015	上海	7246
178	广州发展融资租赁有限公司	2016	广州	7246
178	开创国际融资租赁（天津）有限公司	2016	天津	7246
178	志远国际融资租赁（天津）有限公司	2016	天津	7246
179	青岛天瑞鼎信融资租赁有限公司	2016	青岛	7101
180	中集融资租赁有限公司	2007	深圳	7000
180	国中融资租赁有限公司	2012	武汉	7000

排名	企业名称	注册时间	注册地	注册资金（万美元）
180	中煤国际租赁有限公司	2012	天津	7000
180	江苏东吴融资租赁有限公司	2012	苏州	7000
180	禄汇融资租赁（上海）有限公司	2016	上海	7000
180	国银金成融资租赁（深圳）有限公司	2016	深圳	7000
180	中铁租赁有限公司	2006	上海	7000
180	康润（深圳）国际融资租赁有限公司	2016	深圳	7000
180	浙江大搜车融资租赁有限公司	2016	杭州	7000
181	车邦融资租赁（深圳）有限公司	2016	深圳	6812
181	河北创联融资租赁有限公司	2008	石家庄	6812
182	泰州广瑞融资租赁有限公司	2015	泰州	6625
183	富合高度（上海）融资租赁有限公司	2015	上海	6600
183	中凡世纪融资租赁（天津）有限公司	2016	天津	6600
183	国铭融资租赁（深圳）有限公司	2016	深圳	6600
184	成都神钢建机融资租赁有限公司	2008	成都	6570
185	东方英丰租赁有限公司	2012	天津	6500
186	鑫桥联合融资租赁有限公司	2007	北京	6487
187	银通国际融资租赁股份有限公司	2013	上海	6458
188	锦辰融资租赁（深圳）有限公司	2013	深圳	6433
188	深圳佳力融资租赁有限公司	2016	深圳	6433
188	珠海国金融资租赁有限公司	2015	珠海	6433
189	融众国际融资租赁有限公司	2008	武汉	6300
190	仲信国际租赁有限公司	2012	上海	6287
191	江苏省再保融资租赁有限公司	2010	南京	6203
192	荣恒（上海）融资租赁有限公司	2015	上海	6180
193	聚星国际融资租赁（天津）有限公司	2015	天津	6175
194	上海富汇融资租赁股份有限公司	2013	上海	6134
195	方正国际租赁有限公司	2005	北京	6000
195	沃得国际融资租赁有限公司	2009	镇江	6000

排名	企业名称	注册时间	注册地	注册资金（万美元）
195	英吉斯国际融资租赁有限公司	2013	深圳	6000
195	上海金聚融资租赁有限公司	2014	上海	6000
195	美西国际融资租赁有限公司	2014	上海	6000
195	宁波希里林斯环球融资租赁有限公司	2014	宁波	6000
195	智开融资租赁（天津）有限公司	2015	天津	6000
195	中茂华新（天津）融资租赁有限公司	2015	天津	6000
195	上海融衡融资租赁有限公司	2015	上海	6000
195	聚志融资租赁（上海）有限公司	2015	上海	6000
195	上海百豪融资租赁有限公司	2015	上海	6000
195	烽盛融资租赁有限公司	2015	上海	6000
195	上海精睿融资租赁有限公司	2015	上海	6000
195	上海康城融资租赁有限公司	2015	上海	6000
195	上海富团融资租赁有限公司	2015	上海	6000
195	伽顺融资租赁（上海）有限公司	2015	上海	6000
195	国蕴融资租赁（上海）有限公司	2015	上海	6000
195	上海伽图融资租赁有限公司	2015	上海	6000
195	益汇融资租赁（上海）有限公司	2015	上海	6000
195	佳成融资租赁（上海）有限公司	2015	上海	6000
195	上海鄂鑫融资租赁有限公司	2015	上海	6000
195	上海鼎衡盛融资租赁有限公司	2015	上海	6000
195	智融华诚融资租赁有限公司	2015	上海	6000
195	富正源（中国）融资租赁有限公司	2015	上海	6000
195	上海融得融资租赁有限公司	2015	上海	6000
195	睿达融资租赁（上海）有限公司	2015	上海	6000
195	碳租宝（深圳）融资租赁有限公司	2015	深圳	6000
195	深圳前海中港通融资租赁有限公司	2015	深圳	6000
195	惠拓（上海）融资租赁有限公司	2016	上海	6000
195	闪银融资租赁（上海）有限公司	2016	上海	6000

排名	企业名称	注册时间	注册地	注册资金（万美元）
195	鲁宁融资租赁（上海）有限公司	2016	上海	6000
195	智远融资租赁（上海）有限公司	2016	上海	6000
195	鼎睿融资租赁（上海）有限公司	2016	上海	6000
195	中旭融资租赁（天津）有限公司	2016	天津	6000
195	中元汇金融资租赁（天津）有限公司	2016	天津	6000
195	深圳中通融资租赁有限公司	2016	深圳	6000
195	深圳市纵横融通融资租赁有限公司	2016	深圳	6000
195	四通融资租赁（深圳）有限公司	2016	深圳	6000
195	经译融资租赁（深圳）有限公司	2016	深圳	6000
195	王牌融资租赁（深圳）有限公司	2016	深圳	6000
195	倾助融资租赁（深圳）有限公司	2016	深圳	6000
195	昌盛融资租赁（深圳）有限公司	2016	深圳	6000
195	睿智创富国际融资租赁有限公司	2016	深圳	6000
195	隆德融资租赁（启东）有限公司	2016	南通	6000
195	中营（深圳）国际融资租赁有限公司	2016	深圳	6000
195	山海融资租赁有限公司	2013	天津	6000
195	中水开元国际融资租赁有限公司	2014	北京	6000
196	华夏恒业（深圳）融资租赁有限公司	2015	深圳	5942
196	国祥金控融资租赁有限公司	2016	深圳	5942
197	当然融资租赁（上海）有限公司	2013	上海	5800
197	利星行融资租赁（上海）有限公司	2013	上海	5800
197	凯枫融资租赁（杭州）有限公司	2013	杭州	5800
197	湖南华富源融资租赁有限公司	2013	长沙	5800
197	华夏之星融资租赁有限公司	2015	上海	5800
197	远诚国际融资租赁有限公司	2016	上海	5800
197	华夏锦程融资租赁有限公司	2016	上海	5800
197	鑫融天下融资租赁（中国）有限公司	2016	天津	5800
197	中融信达（中国）融资租赁有限公司	2016	天津	5800

排名	企业名称	注册时间	注册地	注册资金（万美元）
197	新御福（中国）融资租赁有限公司	2016	天津	5800
197	金值（中国）融资租赁有限公司	2016	天津	5800
198	致杰国际融资租赁有限公司	2011	广州	5797
198	德润融资租赁股份有限公司	2012	天津	5797
198	华科融资租赁有限公司	2013	重庆	5797
198	中经华澳融资租赁有限公司	2014	北京	5797
198	新兴际华融资租赁有限公司	2014	天津	5797
198	山东鲁西融资租赁有限公司	2014	聊城	5797
198	重庆国金瑞元融资租赁有限公司	2014	重庆	5797
198	联想融资租赁有限公司	2015	天津	5797
198	和昆融资租赁（上海）有限公司	2015	上海	5797
198	星政融资租赁（上海）有限公司	2015	上海	5797
198	上海永军融资租赁有限公司	2015	上海	5797
198	上海京升融资租赁有限公司	2015	上海	5797
198	兆宸融资租赁（上海）有限公司	2015	上海	5797
198	上海德盛园融资租赁有限公司	2015	上海	5797
198	财裕融资租赁（上海）有限公司	2015	上海	5797
198	海融融资租赁（上海）有限公司	2015	上海	5797
198	银鑫融资租赁（深圳）有限公司	2015	深圳	5797
198	重庆新能源汽车融资租赁有限公司	2015	重庆	5797
198	燕鸟融资租赁（上海）有限公司	2016	上海	5797
198	凯京融资租赁（上海）有限公司	2016	上海	5797
198	中豪融资租赁（上海）有限公司	2015	上海	5797
198	广州臻圆融资租赁有限公司	2016	广州	5797
198	广州笛科融资租赁有限公司	2016	广州	5797
198	中飞融资租赁（深圳）有限公司	2016	深圳	5797
198	光耀汉富（天津）国际融资租赁有限公司	2013	天津	5797
198	深圳比亚迪国际融资租赁有限公司	2014	深圳	5797

续表

排名	企业名称	注册时间	注册地	注册资金（万美元）
198	道生国际融资租赁（天津）有限公司	2014	天津	5797
198	平煤神马融资租赁有限公司	2014	上海	5797
199	法兴（上海）融资租赁有限公司	2005	上海	5770
200	北京京城国际融资租赁有限公司	2010	北京	5749
201	锡玛（上海）融资租赁有限公司	2015	上海	5643
202	华夏盛世融资租赁有限公司	2015	上海	5600
202	丰华融资租赁（深圳）有限公司	2016	深圳	5600
202	金元宝融资租赁（深圳）有限公司	2016	深圳	5600
203	欧银国际融资租赁（深圳）有限公司	2016	深圳	5588
204	晟通国际融资租赁有限公司	2014	深圳	5509
205	普洛斯融资租赁（上海）有限公司	2014	上海	5507
205	上海联源融资租赁有限公司	2015	上海	5507
206	美联信金融租赁有限公司	1998	上海	5500
206	三菱日联融资租赁（中国）有限公司	2008	上海	5500
206	和信国际融资租赁有限公司	2014	上海	5500
206	汇融天下融资租赁有限公司	2015	上海	5500
207	北京亦庄国际融资租赁有限公司	2013	北京	5479
208	佰仟亿融资租赁有限公司	2015	天津	5400
209	瑞信国际融资租赁有限公司	2016	上海	5362
210	福商（天津）融资租赁有限公司	2015	天津	5304
211	卫鼎融资租赁有限公司	2014	郑州	5217
211	大泽行融资租赁（上海）有限公司	2015	上海	5217
211	信联国际融资租赁（深圳）有限公司	2016	深圳	5217
212	东葵融资租赁（上海）有限公司	2014	上海	5130
213	中合盟达融资租赁有限公司	2012	天津	5116
214	上海誉恒融资租赁有限公司	2015	上海	5072
214	鑫亚融资租赁（上海）有限公司	2016	上海	5072
214	尚喜融资租赁（上海）有限公司	2016	上海	5072

排名	企业名称	注册时间	注册地	注册资金（万美元）
214	佑美融资租赁（中国）有限公司	2016	天津	5072
214	中机国能融资租赁有限公司	2014	天津	5072
214	湖北圆融融资租赁有限公司	2013	武汉	5072
215	宜讯融资租赁（上海）有限公司	2015	上海	5043
216	江苏金茂融资租赁有限公司	2012	苏州	5024
217	国祥吉瑞融资租赁（深圳）有限公司	2016	深圳	5001
218	华彬国际租赁有限公司	2008	北京	5000
218	金美融资租赁有限公司	2010	北京	5000
218	佛罗伦（天津）融资租赁有限公司	2010	天津	5000
218	信都国际租赁有限公司	2010	上海	5000
218	大连华汇融资租赁有限公司	2010	大连	5000
218	大连瑞昌融资租赁有限公司	2011	大连	5000
218	西尔融资租赁（天津）有限公司	2011	天津	5000
218	恒宇（上海）融资租赁有限公司	2011	上海	5000
218	湖北融陞融资租赁有限公司	2012	武汉	5000
218	中康国际融资租赁有限公司	2012	天津	5000
218	汇鑫国际融资租赁有限公司	2012	天津	5000
218	锦绣前程（天津）融资租赁有限公司	2012	天津	5000
218	粤融国际租赁有限公司	2012	天津	5000
218	乾元融资租赁有限公司	2012	上海	5000
218	上海宏泰融资租赁有限公司	2012	上海	5000
218	八达通融资租赁有限公司	2012	上海	5000
218	宁波东海融资租赁有限公司	2012	宁波	5000
218	浙江通商融资租赁有限公司	2012	宁波	5000
218	北京中港锦源融资租赁有限公司	2013	北京	5000
218	北京正方融资租赁有限公司	2013	北京	5000
218	上海同丰洲际融资租赁有限公司	2013	上海	5000
218	中铭融资租赁（上海）有限公司	2013	上海	5000

排名	企业名称	注册时间	注册地	注册资金（万美元）
218	高航融资租赁（上海）有限公司	2013	上海	5000
218	中智信融资租赁有限公司	2013	天津	5000
218	中工（天津）融资租赁有限公司	2013	天津	5000
218	京金国际融资租赁有限公司	2013	天津	5000
218	华惠融资租赁有限公司	2013	天津	5000
218	瑞和（天津）融资租赁有限公司	2013	天津	5000
218	骏翔（天津）融资租赁有限公司	2013	天津	5000
218	永鑫融资租赁有限公司	2013	天津	5000
218	荣联国际融资租赁有限公司	2013	天津	5000
218	开元国际融资租赁有限公司	2013	天津	5000
218	海高国际融资租赁有限责任公司	2013	重庆	5000
218	浙江杭钢融资租赁有限公司	2013	杭州	5000
218	杉杉恒盛融资租赁有限责任公司	2013	宁波	5000
218	汇融国际融资租赁有限公司	2013	宁波	5000
218	山东嘉会新天融资租赁有限公司	2013	济南	5000
218	山东科瑞融资租赁有限公司	2013	东营	5000
218	山东泰然融资租赁有限公司	2013	东营	5000
218	光大控股（青岛）融资租赁有限公司	2013	青岛	5000
218	南洋融资租赁（山东）有限公司	2013	青岛	5000
218	中润鸿基（大连）融资租赁有限公司	2013	大连	5000
218	鼎晖宝玉融资租赁（大连）有限公司	2013	大连	5000
218	苏商融资租赁有限公司	2013	苏州	5000
218	苏州江汇融资租赁有限公司	2013	苏州	5000
218	江苏万盈融资租赁有限公司	2013	苏州	5000
218	普得融资租赁（苏州）有限公司	2013	苏州	5000
218	广东高和融资租赁有限公司	2013	广州	5000
218	深圳锦城祥融资租赁有限公司	2013	深圳	5000
218	前海宝润（深圳）融资租赁有限公司	2013	深圳	5000

排名	企业名称	注册时间	注册地	注册资金（万美元）
218	深圳市前海益华多宝融资租赁有限公司	2013	深圳	5000
218	福建海高融资租赁有限责任公司	2013	福州	5000
218	关天国际融资租赁有限公司	2013	西安	5000
218	河南恒立信融资租赁有限公司	2013	郑州	5000
218	湖北鲁银融资租赁有限公司	2013	武汉	5000
218	湖南鲁银融资租赁有限公司	2013	长沙	5000
218	中坤国际融资租赁有限公司	2014	北京	5000
218	善信融资租赁有限公司	2014	北京	5000
218	天津利德旺融资租赁有限责任公司	2014	天津	5000
218	中新能融资租赁（天津）有限公司	2014	天津	5000
218	国润融资租赁有限公司	2014	天津	5000
218	嘉创融资租赁有限公司	2014	天津	5000
218	天津盛业融资租赁有限公司	2014	天津	5000
218	天津拜尔融资租赁有限责任公司	2014	天津	5000
218	银信国际融资租赁有限公司	2014	天津	5000
218	中世融资租赁有限公司	2014	天津	5000
218	迈石汇金融资租赁有限公司	2014	天津	5000
218	悦恒国际融资租赁（天津）有限公司	2014	天津	5000
218	兰亭融资租赁有限公司	2014	天津	5000
218	瑞通融金（天津）融资租赁有限公司	2014	天津	5000
218	中兴财富融资租赁有限公司	2014	天津	5000
218	天津聚通融资租赁有限公司	2014	天津	5000
218	金弘国际融资租赁（中国）有限公司	2014	天津	5000
218	华银易通融资租赁有限公司	2014	天津	5000
218	金林源融资租赁（上海）有限公司	2014	上海	5000
218	正瓴融资租赁（上海）有限公司	2014	上海	5000
218	康维廉融资租赁有限公司	2014	上海	5000
218	上海华仪融资租赁有限公司	2014	上海	5000

排名	企业名称	注册时间	注册地	注册资金（万美元）
218	上海景元融资租赁有限公司	2014	上海	5000
218	光大融资租赁（上海）有限公司	2014	上海	5000
218	盛泽融资租赁有限公司	2014	上海	5000
218	上海融恒融资租赁有限公司	2014	上海	5000
218	上海卓昂融资租赁有限公司	2014	上海	5000
218	宝利达融资租赁（上海）有限公司	2014	上海	5000
218	淮鑫融资租赁有限公司	2014	上海	5000
218	东盛（上海）融资租赁有限公司	2014	上海	5000
218	上海均和融资租赁有限公司	2014	上海	5000
218	上海海晴融资租赁有限公司	2014	上海	5000
218	景程文旅融资租赁有限公司	2014	上海	5000
218	上海巨晟融资租赁有限公司	2014	上海	5000
218	吉融通合融资租赁有限公司	2014	上海	5000
218	上海融开融资租赁有限公司	2014	上海	5000
218	上海永信融资租赁有限公司	2014	上海	5000
218	卓郎融资租赁有限公司	2014	上海	5000
218	檀力融资租赁（上海）有限公司	2014	上海	5000
218	方正中鸿（上海）融资租赁有限公司	2014	上海	5000
218	众合融资租赁（上海）有限公司	2014	上海	5000
218	江苏鑫润融资租赁有限公司	2014	南京	5000
218	山东泉泰融资租赁有限公司	2014	济南	5000
218	青海高和融资租赁有限公司	2014	西宁	5000
218	广东和信融资租赁有限公司	2014	广州	5000
218	广东腾信融资租赁有限公司	2014	广州	5000
218	国合源融资租赁有限公司	2014	深圳	5000
218	深圳市前海大于融资租赁有限公司	2014	深圳	5000
218	中东融资租赁有限公司	2014	深圳	5000
218	安鹏国际融资租赁（深圳）有限公司	2014	深圳	5000

排名	企业名称	注册时间	注册地	注册资金（万美元）
218	东瑞国际融资租赁有限公司	2014	深圳	5000
218	深圳市前海通途融资租赁有限公司	2014	深圳	5000
218	深圳前海众薪博光国际融资租赁有限公司	2014	深圳	5000
218	深圳市融博融资租赁有限公司	2014	深圳	5000
218	全通融资租赁（深圳）有限公司	2014	深圳	5000
218	仁瑞（深圳）融资租赁有限公司	2014	深圳	5000
218	深圳市前海华富融资租赁有限公司	2014	深圳	5000
218	深圳前海紫石融资租赁有限公司	2014	深圳	5000
218	深圳前海金银联融资租赁有限公司	2014	深圳	5000
218	中科西控（深圳）融资租赁有限公司	2014	深圳	5000
218	深圳京能清洁能源融资租赁有限公司	2014	深圳	5000
218	亚银（珠海）融资租赁有限公司	2014	珠海	5000
218	港德隆（中国）融资租赁有限公司	2014	厦门	5000
218	嘉华融资租赁有限公司	2014	杭州	5000
218	泰源国际融资租赁有限公司	2014	宁波	5000
218	新开融资租赁有限公司	2014	廊坊	5000
218	光华融资租赁（大连）有限公司	2014	大连	5000
218	大连融玖融资租赁有限公司	2014	大连	5000
218	中安汇银融资租赁（大连）有限公司	2014	大连	5000
218	大连九鼎融资租赁有限公司	2014	大连	5000
218	黑龙江华创港投融资租赁有限公司	2014	哈尔滨	5000
218	江西鲁银融资租赁有限公司	2014	南昌	5000
218	贵州高和融资租赁有限公司	2014	贵阳	5000
218	沣腾国际融资租赁有限责任公司	2014	成都	5000
218	云南汉能信远融资租赁有限公司	2014	昆明	5000
218	北京中投国联融资租赁有限公司	2015	北京	5000
218	中和融信融资租赁有限公司	2015	北京	5000
218	国韬融资租赁有限公司	2015	北京	5000

排名	企业名称	注册时间	注册地	注册资金（万美元）
218	北京恒昌融资租赁有限公司	2015	北京	5000
218	艾诺（天津）融资租赁有限公司	2015	天津	5000
218	中瑞金通融资租赁有限公司	2015	天津	5000
218	宝缘（天津）融资租赁有限公司	2015	天津	5000
218	巨银（天津）融资租赁有限公司	2015	天津	5000
218	中交天运（天津）国际融资租赁有限公司	2015	天津	5000
218	中瑞华银国际融资租赁有限公司	2015	天津	5000
218	中远泰恒（天津）国际融资租赁有限公司	2015	天津	5000
218	中远汇通国际融资租赁有限公司	2015	天津	5000
218	达银融资租赁（天津）有限公司	2015	天津	5000
218	惠强（天津）国际融资租赁有限公司	2015	天津	5000
218	金元京津融资租赁有限公司	2015	天津	5000
218	信汇达（天津）融资租赁有限公司	2015	天津	5000
218	大通金控融资租赁（天津）有限公司	2015	天津	5000
218	天津威尔特诺融资租赁有限公司	2015	天津	5000
218	汇金国际融资租赁（天津）有限公司	2015	天津	5000
218	中信融通融资租赁（天津）有限公司	2015	天津	5000
218	天津金晟恒泰融资租赁有限公司	2015	天津	5000
218	中恒泰晟国际融资租赁有限公司	2015	天津	5000
218	中投创亿（天津）融资租赁有限公司	2015	天津	5000
218	天津中聚融资租赁有限公司	2015	天津	5000
218	聚龙国际融资租赁（天津）有限公司	2015	天津	5000
218	天津亚创国际融资租赁有限公司	2015	天津	5000
218	鸿鑫融资租赁（天津）有限公司	2015	天津	5000
218	亚泰联合国际融资租赁（天津）有限公司	2015	天津	5000
218	国京（天津）融资租赁有限公司	2015	天津	5000
218	世纪丝路融资租赁（天津）有限公司	2015	天津	5000
218	中西互通（天津）国际融资租赁有限公司	2015	天津	5000

排名	企业名称	注册时间	注册地	注册资金（万美元）
218	天津荣发汇通融资租赁有限公司	2015	天津	5000
218	华夏亿投国际融资租赁（天津）有限公司	2015	天津	5000
218	汇利盈（中国）融资租赁有限公司	2015	天津	5000
218	中恒汇金（天津）融资租赁有限公司	2015	天津	5000
218	天津汇通恒丰融资租赁有限公司	2015	天津	5000
218	木通融资租赁有限公司	2015	天津	5000
218	环球乐投（天津）国际融资租赁有限公司	2015	天津	5000
218	中耀融融资租赁（天津）有限公司	2015	天津	5000
218	科瑞国际融资租赁（天津）有限公司	2015	天津	5000
218	天津豪泽融资租赁有限责任公司	2015	天津	5000
218	鼎信融资租赁（天津）有限公司	2015	天津	5000
218	国金国际融资租赁（天津）有限公司	2015	天津	5000
218	富兴联合（天津）融资租赁有限公司	2015	天津	5000
218	中融国新（天津）国际融资租赁有限公司	2015	天津	5000
218	悦和国际融资租赁（天津）有限公司	2015	天津	5000
218	信合国际融资租赁（天津）有限公司	2015	天津	5000
218	金象融资租赁有限公司	2015	天津	5000
218	大洋顺国际融资租赁有限公司	2015	天津	5000
218	金朗（天津）融资租赁有限公司	2015	天津	5000
218	天津敏东国际融资租赁有限公司	2015	天津	5000
218	国鑫友圣融资租赁有限公司	2015	上海	5000
218	上海璞诚融资租赁有限公司	2015	上海	5000
218	睿信融资租赁有限公司	2015	上海	5000
218	融之翼（上海）融资租赁有限公司	2015	上海	5000
218	上海瀚辰融资租赁有限公司	2015	上海	5000
218	华夏锦绣融资租赁有限公司	2015	上海	5000
218	和广（上海）融资租赁有限公司	2015	上海	5000
218	旭毅（上海）融资租赁有限公司	2015	上海	5000

排名	企业名称	注册时间	注册地	注册资金（万美元）
218	翔永（上海）融资租赁有限公司	2015	上海	5000
218	国灿融资租赁（上海）有限公司	2015	上海	5000
218	众禾融资租赁（上海）有限公司	2015	上海	5000
218	驭鑫融资租赁（上海）有限公司	2015	上海	5000
218	广兴融资租赁（上海）有限公司	2015	上海	5000
218	凡信融资租赁有限公司	2015	上海	5000
218	祥智（上海）融资租赁有限公司	2015	上海	5000
218	黄鑫融资租赁（上海）有限公司	2015	上海	5000
218	联众融资租赁（上海）有限公司	2015	上海	5000
218	鼎汉融资租赁（上海）有限公司	2015	上海	5000
218	立鼎融资租赁（上海）有限公司	2015	上海	5000
218	国冠融资租赁（上海）有限公司	2015	上海	5000
218	中昌融资租赁（上海）有限公司	2015	上海	5000
218	上海耘林融资租赁有限公司	2015	上海	5000
218	上海代捷融资租赁有限公司	2015	上海	5000
218	上海凯金融资租赁有限公司	2015	上海	5000
218	上海金达莱融资租赁有限公司	2015	上海	5000
218	上海伟台融资租赁有限公司	2015	上海	5000
218	上海宝欣融资租赁有限公司	2015	上海	5000
218	上海荣开融资租赁有限公司	2015	上海	5000
218	上海景民融资租赁有限公司	2015	上海	5000
218	上海途逸融资租赁有限公司	2015	上海	5000
218	伽莱融资租赁（上海）有限公司	2015	上海	5000
218	德仁融资租赁（上海）有限公司	2015	上海	5000
218	银来融资租赁（上海）有限公司	2015	上海	5000
218	正豪（中国）融资租赁有限公司	2015	上海	5000
218	上海襄江融资租赁有限公司	2015	上海	5000
218	上海遍球融资租赁有限公司	2015	上海	5000

排名	企业名称	注册时间	注册地	注册资金（万美元）
218	汇策融资租赁（上海）有限公司	2015	上海	5000
218	上海亿成融资租赁有限公司	2015	上海	5000
218	上海名投融资租赁有限公司	2015	上海	5000
218	国广（上海）融资租赁有限公司	2015	上海	5000
218	上海权横融资租赁有限公司	2015	上海	5000
218	上海振欣融资租赁有限公司	2015	上海	5000
218	中轩（上海）融资租赁有限公司	2015	上海	5000
218	创明融资租赁（上海）有限公司	2015	上海	5000
218	上海富绥融资租赁有限公司	2015	上海	5000
218	汇达融资租赁（上海）有限公司	2015	上海	5000
218	华程（上海）融资租赁有限公司	2015	上海	5000
218	华夏商银融资租赁有限公司	2015	上海	5000
218	上海晶葵融资租赁有限公司	2015	上海	5000
218	上海迪夫融资租赁有限公司	2015	上海	5000
218	华夏鸿运融资租赁有限公司	2015	上海	5000
218	滇北融资租赁（上海）有限公司	2015	上海	5000
218	上海熙邦融资租赁有限公司	2015	上海	5000
218	上海凯格融资租赁有限公司	2015	上海	5000
218	玖亿融资租赁有限公司	2015	上海	5000
218	上海文融融资租赁有限公司	2015	上海	5000
218	上海速锐融资租赁有限公司	2015	上海	5000
218	星源融资租赁（上海）有限公司	2015	上海	5000
218	上海普熙融资租赁有限公司	2015	上海	5000
218	恒奥融资租赁（上海）有限公司	2015	上海	5000
218	聚永融资租赁（上海）有限公司	2015	上海	5000
218	中赁融资租赁有限公司	2015	上海	5000
218	优尼斯融资租赁（上海）有限公司	2015	上海	5000
218	泰瀛（上海）融资租赁有限公司	2015	上海	5000

排名	企业名称	注册时间	注册地	注册资金（万美元）
218	上海班德邦融资租赁有限公司	2015	上海	5000
218	润明融资租赁（中国）有限公司	2015	上海	5000
218	嘉投融资租赁（上海）有限公司	2015	上海	5000
218	通江（上海）融资租赁有限公司	2015	上海	5000
218	上海福晓融资租赁有限公司	2015	上海	5000
218	协利融资租赁（上海）有限公司	2015	上海	5000
218	顶诺融资租赁（上海）有限公司	2015	上海	5000
218	嘉澜融资租赁（上海）有限公司	2015	上海	5000
218	白杉融资租赁（上海）有限公司	2015	上海	5000
218	逢源融资租赁（上海）有限公司	2015	上海	5000
218	鹏源融资租赁（上海）有限公司	2015	上海	5000
218	新御融资租赁（上海）有限公司	2015	上海	5000
218	融元融资租赁（上海）有限公司	2015	上海	5000
218	金拓融资租赁（上海）有限公司	2015	上海	5000
218	上海骏银融资租赁有限公司	2015	上海	5000
218	上佐融资租赁（上海）有限公司	2015	上海	5000
218	信银瑞世（上海）融资租赁有限公司	2015	上海	5000
218	中衡融资租赁（上海）有限公司	2015	上海	5000
218	上海亨赐融资租赁有限公司	2015	上海	5000
218	富瑞达国际融资租赁有限公司	2015	上海	5000
218	上海臣际融资租赁有限公司	2015	上海	5000
218	丰泰和融资租赁（上海）有限公司	2015	上海	5000
218	上海迅迩融资租赁有限公司	2015	上海	5000
218	嘉众融资租赁（上海）有限公司	2015	上海	5000
218	亚司（上海）融资租赁有限公司	2015	上海	5000
218	速嘉融资租赁（上海）有限公司	2015	上海	5000
218	上海橙盈融资租赁有限公司	2015	上海	5000
218	上海宏丰禹辰融资租赁有限公司	2015	上海	5000

排名	企业名称	注册时间	注册地	注册资金（万美元）
218	正拓融资租赁（上海）有限公司	2015	上海	5000
218	豫昌（上海）融资租赁有限公司	2015	上海	5000
218	上海融胜融资租赁有限公司	2015	上海	5000
218	上海天隆融资租赁有限公司	2015	上海	5000
218	上海弘博融资租赁有限公司	2015	上海	5000
218	上海中庚融资租赁有限公司	2015	上海	5000
218	融财融资租赁（上海）有限公司	2015	上海	5000
218	德荷国际融资租赁有限公司	2015	上海	5000
218	上海弘锐融资租赁有限公司	2015	上海	5000
218	京开融资租赁（上海）有限公司	2015	上海	5000
218	上海威高融资租赁有限公司	2015	上海	5000
218	上海合容融资租赁有限公司	2015	上海	5000
218	金诚惠中（上海）融资租赁有限公司	2015	上海	5000
218	宏航融资租赁（上海）有限公司	2015	上海	5000
218	上海万玳融资租赁有限公司	2015	上海	5000
218	财信融资租赁（上海）有限公司	2015	上海	5000
218	信石融资租赁（上海）有限公司	2015	上海	5000
218	深圳富海融资租赁有限公司	2015	深圳	5000
218	深圳市华君融资租赁有限公司	2015	深圳	5000
218	深圳鼎晖融资租赁有限公司	2015	深圳	5000
218	环球汇金融资租赁有限公司	2015	深圳	5000
218	深圳前海中融国际融资租赁有限公司	2015	深圳	5000
218	中贯融资租赁（深圳）有限公司	2015	深圳	5000
218	深圳东方富通融资租赁有限公司	2015	深圳	5000
218	华源国际融资租赁（深圳）有限公司	2015	深圳	5000
218	升隆融资租赁（深圳）有限公司	2015	深圳	5000
218	前海中润（深圳）融资租赁有限公司	2015	深圳	5000
218	前海中创（深圳）融资租赁有限公司	2015	深圳	5000

排名	企业名称	注册时间	注册地	注册资金（万美元）
218	广州市深兴融资租赁有限公司	2015	广州	5000
218	广州市全通融资租赁有限公司	2015	广州	5000
218	富嘉融资租赁有限公司	2015	南通	5000
218	南通海川融资租赁有限公司	2015	南通	5000
218	亚投融资租赁（舟山）有限公司	2015	舟山	5000
218	庆成（杭州）融资租赁有限公司	2015	杭州	5000
218	嘉金国际融资租赁有限公司	2015	嘉兴	5000
218	嘉兴卓信融资租赁有限公司	2015	嘉兴	5000
218	国诚融资租赁（浙江）有限公司	2015	嘉兴	5000
218	扬金融资租赁（中国）有限公司	2015	嘉兴	5000
218	宁波诚享融资租赁有限公司	2015	宁波	5000
218	宁波格瑞融资租赁有限公司	2015	宁波	5000
218	大连华融汇通融资租赁有限公司	2015	大连	5000
218	大连一正融资租赁有限公司	2015	大连	5000
218	佳德惠融资租赁（大连）有限公司	2015	大连	5000
218	重庆鼎千融资租赁有限公司	2015	重庆	5000
218	重庆万泽融资租赁有限公司	2015	重庆	5000
218	青岛元桥融资租赁有限公司	2015	青岛	5000
218	荣创融资租赁（青岛）有限公司	2015	青岛	5000
218	元控国际融资租赁有限公司	2015	青岛	5000
218	青岛七合国际融资租赁有限公司	2015	青岛	5000
218	山东华信融资租赁有限公司	2015	济南	5000
218	国人融资租赁有限责任公司	2015	蚌埠	5000
218	均和（武汉）融资租赁有限公司	2015	武汉	5000
218	富鸿资本（湖南）融资租赁有限公司	2015	长沙	5000
218	弘正利源资本（湖南）融资租赁有限公司	2015	长沙	5000
218	银河朗业国际融资租赁有限公司	2015	福州	5000
218	裕华融资租赁（厦门）有限公司	2015	厦门	5000

排名	企业名称	注册时间	注册地	注册资金（万美元）
218	厦门岚配融资租赁有限公司	2015	厦门	5000
218	厦门京融融资租赁有限公司	2015	厦门	5000
218	均和（厦门）融资租赁有限公司	2015	厦门	5000
218	贵州中团明禹融资租赁有限公司	2015	贵阳	5000
218	云南汇智融资租赁有限公司	2015	昆明	5000
218	智宸融资租赁有限公司	2015	伊犁	5000
218	枫宸融资租赁有限公司	2015	伊犁	5000
218	投融普华（北京）融资租赁有限公司	2016	北京	5000
218	北京劲阳融资租赁有限公司	2016	北京	5000
218	华重融资租赁有限公司	2016	北京	5000
218	北京科奇融资租赁有限公司	2016	北京	5000
218	大盛利成（北京）融资租赁有限公司	2016	北京	5000
218	中唐融资租赁（北京）有限公司	2016	北京	5000
218	奥迅融资租赁（上海）有限公司	2016	上海	5000
218	南洋金控融资租赁有限公司	2016	上海	5000
218	上药桑尼克融资租赁（上海）有限公司	2016	上海	5000
218	玖胤融资租赁（上海）有限公司	2016	上海	5000
218	华汉融资租赁（上海）有限公司	2016	上海	5000
218	瑞泽银融资租赁（上海）有限公司	2016	上海	5000
218	瑞昌融资租赁（上海）有限公司	2016	上海	5000
218	国增（上海）融资租赁有限公司	2016	上海	5000
218	上海尊善融资租赁有限公司	2016	上海	5000
218	金崛融资租赁（上海）有限公司	2016	上海	5000
218	千幻（上海）融资租赁有限公司	2016	上海	5000
218	大库融资租赁（上海）有限公司	2016	上海	5000
218	宝睿德（中国）融资租赁有限公司	2016	上海	5000
218	上海沪梓融资租赁有限公司	2016	上海	5000
218	泰拓融资租赁（上海）有限公司	2016	上海	5000

排名	企业名称	注册时间	注册地	注册资金（万美元）
218	景熙融资租赁（上海）有限公司	2016	上海	5000
218	丰巢融资租赁（上海）有限公司	2016	上海	5000
218	上海虹碧融资租赁有限公司	2016	上海	5000
218	志达融资租赁（上海）有限公司	2016	上海	5000
218	上海岑合融资租赁有限公司	2016	上海	5000
218	瑞恒融资租赁（上海）有限公司	2016	上海	5000
218	智高融资租赁（上海）有限公司	2016	上海	5000
218	苏汽融资租赁（上海）有限公司	2016	上海	5000
218	哲辉融资租赁（上海）有限公司	2016	上海	5000
218	昌淼融资租赁（上海）有限公司	2016	上海	5000
218	上海乾行融资租赁有限公司	2016	上海	5000
218	晟耀盈辉（上海）融资租赁有限公司	2016	上海	5000
218	鼎晟融资租赁有限公司	2016	上海	5000
218	车熊（上海）融资租赁有限公司	2016	上海	5000
218	上海华浣融资租赁有限公司	2016	上海	5000
218	上海连瑞融资租赁有限公司	2016	上海	5000
218	言行国际融资租赁有限公司	2016	上海	5000
218	融卫国际融资租赁有限公司	2016	上海	5000
218	道高（中国）融资租赁有限公司	2016	上海	5000
218	上海至正融资租赁有限公司	2016	上海	5000
218	裕鼎融资租赁有限公司	2016	上海	5000
218	上海国生融资租赁有限公司	2016	上海	5000
218	国新创意融资租赁有限公司	2016	天津	5000
218	鼎盛融资租赁（天津）有限公司	2016	天津	5000
218	伟凡（中国）融资租赁有限公司	2016	天津	5000
218	鼎富甲融资租赁有限公司	2016	天津	5000
218	中盈华投国际融资租赁（天津）有限公司	2016	天津	5000
218	中宇吉程（天津）融资租赁有限公司	2016	天津	5000

排名	企业名称	注册时间	注册地	注册资金（万美元）
218	天津长城基业融资租赁有限公司	2016	天津	5000
218	中邦财富国际融资租赁（天津）有限公司	2016	天津	5000
218	锦源（天津）融资租赁有限公司	2016	天津	5000
218	华企（中国）融资租赁有限公司	2016	天津	5000
218	融诚汇信（天津）国际融资租赁有限公司	2016	天津	5000
218	中太华晟国际融资租赁（天津）有限公司	2016	天津	5000
218	天津中品融资租赁有限公司	2016	天津	5000
218	楷缔（中国）融资租赁有限公司	2016	天津	5000
218	美迪云融资租赁有限公司	2016	天津	5000
218	鼎辉国际融资租赁（天津）有限公司	2016	天津	5000
218	东方国际融资租赁（天津）有限公司	2016	天津	5000
218	中凡融资租赁（天津）有限公司	2016	天津	5000
218	诚和国际融资租赁（天津）有限公司	2016	天津	5000
218	中融国富融资租赁（天津）有限公司	2016	天津	5000
218	中珩葆鼎（天津）国际融资租赁有限公司	2016	天津	5000
218	融鑫达融资租赁（天津）有限公司	2016	天津	5000
218	国通汇达融资租赁有限公司	2016	天津	5000
218	国邦财富国际融资租赁（天津）有限公司	2016	天津	5000
218	鼎鑫（天津）融资租赁有限公司	2016	天津	5000
218	鸿山达融资租赁有限公司	2016	天津	5000
218	阳光环球（中国）融资租赁有限公司	2016	天津	5000
218	天津鸿荣鑫元融资租赁有限公司	2016	天津	5000
218	中联伟业融资租赁（天津）有限公司	2016	天津	5000
218	中远（天津）国际融资租赁有限公司	2016	天津	5000
218	宝瑞祥融资租赁（天津）有限公司	2016	天津	5000
218	兴和国际融资租赁（天津）有限公司	2016	天津	5000
218	环宇宏信融资租赁（天津）有限公司	2016	天津	5000
218	首富国际融资租赁（天津）有限公司	2016	天津	5000

排名	企业名称	注册时间	注册地	注册资金（万美元）
218	力达（中国）融资租赁有限公司	2016	天津	5000
218	如永（天津）融资租赁有限公司	2016	天津	5000
218	天津井众利诚融资租赁有限公司	2016	天津	5000
218	中大国际融资租赁（天津）有限公司	2016	天津	5000
218	世纪之星国际融资租赁（天津）有限公司	2016	天津	5000
218	融邦（天津）融资租赁有限公司	2016	天津	5000
218	中融天下国际融资租赁（天津）有限公司	2016	天津	5000
218	中融亚太国际融资租赁（天津）有限公司	2016	天津	5000
218	中金融通国际融资租赁（天津）有限公司	2016	天津	5000
218	中尊融资租赁（天津）有限公司	2016	天津	5000
218	环球亚泰融资租赁（天津）有限公司	2016	天津	5000
218	麦克斯克融资租赁（中国）有限公司	2016	天津	5000
218	奥创国际融资租赁（天津）有限公司	2016	天津	5000
218	瑞斯融资租赁（天津）有限公司	2016	天津	5000
218	环宇安盛融资租赁（天津）有限公司	2016	天津	5000
218	博涵融资租赁（天津）有限公司	2016	天津	5000
218	皓和信（天津）融资租赁有限公司	2016	天津	5000
218	中瀚融资租赁（天津）有限公司	2016	天津	5000
218	华玺融资租赁（天津）有限公司	2016	天津	5000
218	启创融资租赁（天津）有限公司	2016	天津	5000
218	环宇信达融资租赁（天津）有限公司	2016	天津	5000
218	天津万融融资租赁有限公司	2016	天津	5000
218	天津国宏升泰融资租赁有限公司	2016	天津	5000
218	国华融创融资租赁（天津）有限公司	2016	天津	5000
218	众禾成（天津）融资租赁有限公司	2016	天津	5000
218	中启融资租赁（天津）有限公司	2016	天津	5000
218	天津华信拓达融资租赁有限公司	2016	天津	5000
218	驰聘（中国）融资租赁有限公司	2016	天津	5000

排名	企业名称	注册时间	注册地	注册资金（万美元）
218	创时（中国）融资租赁有限公司	2016	天津	5000
218	中美溢新融资租赁（天津）有限公司	2016	天津	5000
218	中兴诚投（天津）融资租赁有限公司	2016	天津	5000
218	国融恒达融资租赁（天津）有限公司	2016	天津	5000
218	绿色（中国）融资租赁有限公司	2016	天津	5000
218	德信（中国）融资租赁有限公司	2016	天津	5000
218	普惠国际融资租赁（天津）有限公司	2016	天津	5000
218	中天鸿泰融资租赁（天津）有限公司	2016	天津	5000
218	华晨国际融资租赁（天津）有限公司	2016	天津	5000
218	欧亚国际融资租赁（天津）有限公司	2016	天津	5000
218	中启开泰融资租赁（天津）有限公司	2016	天津	5000
218	恒裕众金融资租赁（天津）有限公司	2016	天津	5000
218	中鼎恒通（天津）融资租赁有限公司	2016	天津	5000
218	中盛融控融资租赁（天津）有限公司	2016	天津	5000
218	渣打（天津）融资租赁有限公司	2016	天津	5000
218	小米（天津）融资租赁有限公司	2016	天津	5000
218	华运（天津）融资租赁有限公司	2016	天津	5000
218	森强（天津）融资租赁有限公司	2016	天津	5000
218	中金太安融资租赁（天津）有限公司	2016	天津	5000
218	中发融资租赁（天津）有限公司	2016	天津	5000
218	洲海融资租赁（天津）有限公司	2016	天津	5000
218	中融财富国际（天津）融资租赁有限公司	2016	天津	5000
218	天津鼎业融资租赁有限公司	2016	天津	5000
218	中盛平安融资租赁（天津）有限公司	2016	天津	5000
218	中宝泰能国际融资租赁（天津）有限公司	2016	天津	5000
218	中泰民安融资租赁（天津）有限公司	2016	天津	5000
218	洲泰融资租赁（天津）有限公司	2016	天津	5000
218	中泰启华融资租赁（天津）有限公司	2016	天津	5000

排名	企业名称	注册时间	注册地	注册资金（万美元）
218	中鑫盛业融资租赁（天津）有限公司	2016	天津	5000
218	中宝能国际融资租赁（天津）有限公司	2016	天津	5000
218	国通汇融融资租赁有限公司	2016	天津	5000
218	信为天（中国）融资租赁有限公司	2016	天津	5000
218	洲融融资租赁（天津）有限公司	2016	天津	5000
218	中能融（天津）国际融资租赁有限公司	2016	天津	5000
218	华澳（中国）融资租赁有限公司	2016	天津	5000
218	汇福融资租赁（天津）有限公司	2016	天津	5000
218	中诺（天津）融资租赁有限公司	2016	天津	5000
218	世投融资租赁（天津）有限责任公司	2016	天津	5000
218	博朗国际融资租赁（中国）有限公司	2016	天津	5000
218	国盛国际融资租赁（天津）有限公司	2016	天津	5000
218	中鑫贸盛国际融资租赁有限公司	2016	天津	5000
218	国晟融资租赁（天津）有限公司	2016	天津	5000
218	中世联融资租赁（天津）有限公司	2016	天津	5000
218	华泰融资租赁（天津）有限公司	2016	天津	5000
218	中祺（天津）融资租赁有限公司	2016	天津	5000
218	中融宏泰国际融资租赁（天津）有限公司	2016	天津	5000
218	天津中航盈通融资租赁有限公司	2016	天津	5000
218	天津玖亿融资租赁有限公司	2016	天津	5000
218	北斗融资租赁有限公司	2016	天津	5000
218	中泽盈盛融资租赁（天津）有限公司	2016	天津	5000
218	长怡融资租赁有限公司	2016	天津	5000
218	中创（天津）融资租赁有限公司	2016	天津	5000
218	创威融资租赁（中国）有限公司	2016	天津	5000
218	天津盛慧融通融资租赁有限公司	2016	天津	5000
218	中嵘（天津）融资租赁有限公司	2016	天津	5000
218	中润（天津）融资租赁有限公司	2016	天津	5000

排名	企业名称	注册时间	注册地	注册资金（万美元）
218	中翌（天津）国际融资租赁有限公司	2016	天津	5000
218	中采融资租赁（天津）有限公司	2016	天津	5000
218	弘合通元融资租赁有限公司	2016	天津	5000
218	瑞特科融资租赁（中国）有限公司	2016	天津	5000
218	华冠融资租赁（天津）有限公司	2016	天津	5000
218	融信汇通融资租赁（天津）有限公司	2016	天津	5000
218	广东广海融资租赁有限公司	2016	广州	5000
218	广东悦融融资租赁有限公司	2016	广州	5000
218	广东粤桦融资租赁有限公司	2016	广州	5000
218	深圳欣昊越融资租赁有限公司	2016	深圳	5000
218	深圳湘赢融资租赁有限公司	2016	深圳	5000
218	中隆融资租赁（深圳）有限公司	2016	深圳	5000
218	保净源融资租赁（深圳）有限公司	2016	深圳	5000
218	天启汇金融资租赁（深圳）有限公司	2016	深圳	5000
218	深圳创迈源融资租赁有限公司	2016	深圳	5000
218	深圳湘瀛融资租赁有限公司	2016	深圳	5000
218	金泰融资租赁（深圳）有限公司	2016	深圳	5000
218	中农融资租赁（深圳）有限公司	2016	深圳	5000
218	优加融资租赁（深圳）有限公司	2016	深圳	5000
218	丰泰融资租赁（深圳）有限公司	2016	深圳	5000
218	企发融资租赁（深圳）有限公司	2016	深圳	5000
218	致富融资租赁（深圳）有限公司	2016	深圳	5000
218	中汽国际融资租赁（深圳）有限公司	2016	深圳	5000
218	华远融资租赁（深圳）有限公司	2016	深圳	5000
218	中创鑫汇融资租赁（深圳）有限公司	2016	深圳	5000
218	中瑞国信融资租赁（深圳）有限公司	2016	深圳	5000
218	前海行泰融资租赁（深圳）有限公司	2016	深圳	5000
218	众邦融资租赁（深圳）有限公司	2016	深圳	5000

排名	企业名称	注册时间	注册地	注册资金（万美元）
218	兴诺国际融资租赁有限公司	2016	深圳	5000
218	中瑞祥盛融资租赁（深圳）有限公司	2016	深圳	5000
218	万圣融资租赁（深圳）有限公司	2016	深圳	5000
218	国能融资租赁（深圳）有限公司	2016	深圳	5000
218	联动融资租赁（深圳）有限公司	2016	深圳	5000
218	中嘉融资租赁（深圳）有限公司	2016	深圳	5000
218	国赢融资租赁（深圳）有限公司	2016	深圳	5000
218	深中投融资租赁（深圳）有限公司	2016	深圳	5000
218	远大融资租赁（深圳）有限公司	2016	深圳	5000
218	中顺融资租赁（深圳）有限公司	2016	深圳	5000
218	深圳恒领融资租赁有限公司	2016	深圳	5000
218	深圳国电融资租赁有限公司	2016	深圳	5000
218	丹格斯（中国）融资租赁有限公司	2016	深圳	5000
218	深圳永汇融资租赁有限公司	2016	深圳	5000
218	中南国际融资租赁（深圳）有限公司	2016	深圳	5000
218	中宏基（深圳）融资租赁有限公司	2016	深圳	5000
218	方圆融资租赁（深圳）有限公司	2016	深圳	5000
218	中江融资租赁（深圳）有限公司	2016	深圳	5000
218	深中金融资租赁（深圳）有限公司	2016	深圳	5000
218	鲲鹏国际融资租赁（深圳）有限公司	2016	深圳	5000
218	国励融资租赁（深圳）有限公司	2016	深圳	5000
218	融汇通融资租赁（深圳）有限公司	2016	深圳	5000
218	科思国中融资租赁（深圳）有限公司	2016	深圳	5000
218	巨石融资租赁（深圳）有限公司	2016	深圳	5000
218	深圳新恒泰融资租赁有限公司	2016	深圳	5000
218	三农盛世融资租赁（深圳）有限公司	2016	深圳	5000
218	前海嘉嘉融资租赁（深圳）有限公司	2016	深圳	5000
218	中乾国际融资租赁（深圳）有限公司	2016	深圳	5000

排名	企业名称	注册时间	注册地	注册资金（万美元）
218	优信融资租赁（深圳）有限公司	2016	深圳	5000
218	衡达融资租赁（深圳）有限公司	2016	深圳	5000
218	中保融资租赁（深圳）有限公司	2016	深圳	5000
218	荣信融资租赁（深圳）有限公司	2016	深圳	5000
218	启讯融资租赁（深圳）有限公司	2016	深圳	5000
218	鼎源国际融资租赁（深圳）有限公司	2016	深圳	5000
218	中天国际融资租赁（深圳）有限公司	2016	深圳	5000
218	协和融资租赁（深圳）有限公司	2016	深圳	5000
218	中邦融资租赁（深圳）有限公司	2016	深圳	5000
218	锦邦融资租赁（深圳）有限公司	2016	深圳	5000
218	深圳联中融资租赁有限公司	2016	深圳	5000
218	通皇融资租赁（深圳）有限公司	2016	深圳	5000
218	甲天下融资租赁（深圳）有限公司	2016	深圳	5000
218	先达远东（深圳）融资租赁有限公司	2016	深圳	5000
218	兴隆融资租赁（深圳）有限公司	2016	深圳	5000
218	中恒国际融资租赁（深圳）有限公司	2016	深圳	5000
218	国合融资租赁（深圳）有限公司	2016	深圳	5000
218	富国普惠融资租赁（深圳）有限公司	2016	深圳	5000
218	前海国耀融资租赁（深圳）有限公司	2016	深圳	5000
218	国弘融资租赁（深圳）有限公司	2016	深圳	5000
218	深圳市盛世金丰融资租赁有限公司	2016	深圳	5000
218	中盈国投融资租赁（深圳）有限公司	2016	深圳	5000
218	志得融资租赁（深圳）有限公司	2016	深圳	5000
218	国安融资租赁（深圳）有限公司	2016	深圳	5000
218	微众融资租赁（深圳）有限公司	2016	深圳	5000
218	中能融资租赁（深圳）有限公司	2016	深圳	5000
218	华晨融资租赁（深圳）有限公司	2016	深圳	5000
218	中航国银（深圳）融资租赁有限公司	2016	深圳	5000

排名	企业名称	注册时间	注册地	注册资金（万美元）
218	中汇盛泰（深圳）融资租赁有限公司	2016	深圳	5000
218	小安时代融资租赁（深圳）有限公司	2016	深圳	5000
218	深圳市龙华融资租赁有限公司	2016	深圳	5000
218	宝信融资租赁（深圳）有限公司	2016	深圳	5000
218	中辰国际融资租赁（深圳）有限公司	2016	深圳	5000
218	盛泰融资租赁（深圳）有限公司	2016	深圳	5000
218	深圳南叶领汇融资租赁有限公司	2016	深圳	5000
218	中美融资租赁（深圳）有限公司	2016	深圳	5000
218	中行融资租赁（深圳）有限公司	2016	深圳	5000
218	国锐融资租赁（深圳）有限公司	2016	深圳	5000
218	国鼎融资租赁（深圳）有限公司	2016	深圳	5000
218	中英融资租赁（深圳）有限公司	2016	深圳	5000
218	创达融资租赁（深圳）有限公司	2016	深圳	5000
218	中诚融资租赁（深圳）有限公司	2016	深圳	5000
218	亚行融资租赁（深圳）有限公司	2016	深圳	5000
218	秦海金兴融资租赁（深圳）有限公司	2016	深圳	5000
218	国威国际融资租赁（深圳）有限公司	2016	深圳	5000
218	中俄融资租赁（深圳）有限公司	2016	深圳	5000
218	联合东海融资租赁（深圳）有限公司	2016	深圳	5000
218	华耀鼎泰融资租赁（深圳）有限公司	2016	深圳	5000
218	中锦融资租赁（深圳）有限公司	2016	深圳	5000
218	中庆国际融资租赁（深圳）有限公司	2016	深圳	5000
218	中圳国际融资租赁（深圳）有限公司	2016	深圳	5000
218	中茂融资租赁（深圳）有限公司	2016	深圳	5000
218	中际融资租赁（深圳）有限公司	2016	深圳	5000
218	博雅融资租赁（深圳）有限公司	2016	深圳	5000
218	鸿荣融资租赁（深圳）有限公司	2016	深圳	5000
218	中煌融资租赁（深圳）有限公司	2016	深圳	5000

排名	企业名称	注册时间	注册地	注册资金（万美元）
218	国商融资租赁（深圳）有限公司	2016	深圳	5000
218	骏雄融资租赁（深圳）有限公司	2016	深圳	5000
218	中赢融资租赁（深圳）有限公司	2016	深圳	5000
218	德智融资租赁（深圳）有限公司	2016	深圳	5000
218	中家融资租赁（深圳）有限公司	2016	深圳	5000
218	中谦融资租赁（深圳）有限公司	2016	深圳	5000
218	中天融资租赁（深圳）有限公司	2016	深圳	5000
218	国逸融资租赁（深圳）有限公司	2016	深圳	5000
218	北上广融资租赁（深圳）有限公司	2016	深圳	5000
218	中乾融资租赁（深圳）有限公司	2016	深圳	5000
218	雅昌（中国）融资租赁有限公司	2016	深圳	5000
218	国佳融资租赁（深圳）有限公司	2016	深圳	5000
218	耀辉融资租赁（深圳）有限公司	2016	深圳	5000
218	中铭融资租赁（深圳）有限公司	2016	深圳	5000
218	居间融资租赁（深圳）有限公司	2016	深圳	5000
218	睿书融资租赁（深圳）有限公司	2016	深圳	5000
218	德胜融资租赁（深圳）有限公司	2016	深圳	5000
218	中翔国际融资租赁（深圳）有限公司	2016	深圳	5000
218	国辉融资租赁（深圳）有限公司	2016	深圳	5000
218	中森融资租赁（深圳）有限公司	2016	深圳	5000
218	钜意融资租赁（深圳）有限公司	2016	深圳	5000
218	国鸿国际融资租赁（深圳）有限公司	2016	深圳	5000
218	国租融资租赁（深圳）有限公司	2016	深圳	5000
218	中欣融资租赁（深圳）有限公司	2016	深圳	5000
218	中民国际融资租赁（深圳）有限公司	2016	深圳	5000
218	科美融资租赁（深圳）有限公司	2016	深圳	5000
218	国盛融资租赁（深圳）有限公司	2016	深圳	5000
218	沪集融资租赁（深圳）有限公司	2016	深圳	5000

排名	企业名称	注册时间	注册地	注册资金（万美元）
218	中菲融资租赁（深圳）有限公司	2016	深圳	5000
218	中和国际融资租赁（深圳）有限公司	2016	深圳	5000
218	国玺融资租赁有限公司	2016	深圳	5000
218	中瀚融资租赁（深圳）有限公司	2016	深圳	5000
218	中晟融资租赁（深圳）有限公司	2016	深圳	5000
218	中驹融资租赁（深圳）有限公司	2016	深圳	5000
218	中旭融资租赁（深圳）有限公司	2016	深圳	5000
218	中佳融资租赁（深圳）有限公司	2016	深圳	5000
218	中莘融资租赁（深圳）有限公司	2016	深圳	5000
218	中利融资租赁（深圳）有限公司	2016	深圳	5000
218	中阳融资租赁（深圳）有限公司	2016	深圳	5000
218	中港恒天融资租赁（深圳）有限公司	2016	深圳	5000
218	馨宸国际融资租赁（深圳）有限公司	2016	深圳	5000
218	中融天下（深圳）融资租赁有限公司	2016	深圳	5000
218	金信树融资租赁（深圳）有限公司	2016	深圳	5000
218	矩意融资租赁（深圳）有限公司	2016	深圳	5000
218	国嘉融资租赁（深圳）有限公司	2016	深圳	5000
218	中金创投融资租赁（深圳）有限公司	2016	深圳	5000
218	中商国际融资租赁（深圳）有限公司	2016	深圳	5000
218	中航国际融资租赁（深圳）有限公司	2016	深圳	5000
218	中福融资租赁（深圳）有限公司	2016	深圳	5000
218	中泰财富融资租赁（深圳）有限公司	2016	深圳	5000
218	中易隆融资租赁（深圳）有限公司	2016	深圳	5000
218	中资融资租赁（深圳）有限公司	2016	深圳	5000
218	中惠融资租赁（深圳）有限公司	2016	深圳	5000
218	中亿融资租赁（深圳）有限公司	2016	深圳	5000
218	仟佰亿（深圳）融资租赁有限公司	2016	深圳	5000
218	中凯融资租赁（深圳）有限公司	2016	深圳	5000

排名	企业名称	注册时间	注册地	注册资金（万美元）
218	国启融资租赁（深圳）有限公司	2016	深圳	5000
218	国智融资租赁（深圳）有限公司	2016	深圳	5000
218	国政融资租赁（深圳）有限公司	2016	深圳	5000
218	中鸿融资租赁（深圳）有限公司	2016	深圳	5000
218	中周融资租赁（深圳）有限公司	2016	深圳	5000
218	亿联（中国）融资租赁有限公司	2016	深圳	5000
218	国锦融资租赁（深圳）有限公司	2016	深圳	5000
218	国熙融资租赁（深圳）有限公司	2016	深圳	5000
218	国业融资租赁（深圳）有限公司	2016	深圳	5000
218	中雅融资租赁（深圳）有限公司	2016	深圳	5000
218	中投金融资租赁（深圳）有限公司	2016	深圳	5000
218	友能融资租赁（深圳）有限责任公司	2016	深圳	5000
218	国江国际融资租赁（深圳）有限公司	2016	深圳	5000
218	广金国际融资租赁（深圳）有限公司	2016	深圳	5000
218	中腾国际融资租赁（深圳）有限公司	2016	深圳	5000
218	金道融资租赁有限公司	2016	深圳	5000
218	国晨融资租赁（深圳）有限公司	2016	深圳	5000
218	融联国际融资租赁（深圳）有限公司	2016	深圳	5000
218	凯石融资租赁（深圳）有限公司	2016	深圳	5000
218	汇恒融资租赁（深圳）有限公司	2016	深圳	5000
218	泽航（中国）融资租赁有限公司	2016	深圳	5000
218	中辉融资租赁（深圳）有限公司	2016	深圳	5000
218	中车（深圳）国际融资租赁有限公司	2016	深圳	5000
218	汇富融资租赁（深圳）有限公司	2016	深圳	5000
218	中凌融资租赁（深圳）有限公司	2016	深圳	5000
218	格瑞纳（中国）融资租赁有限公司	2016	深圳	5000
218	向光国际融资租赁（深圳）有限公司	2016	深圳	5000
218	深融信融资租赁（深圳）有限公司	2016	深圳	5000

排名	企业名称	注册时间	注册地	注册资金（万美元）
218	国方融资租赁（深圳）有限公司	2016	深圳	5000
218	中科国际融资租赁（深圳）有限公司	2016	深圳	5000
218	中盈宏融资租赁（深圳）有限公司	2016	深圳	5000
218	中汇天下（深圳）融资租赁有限公司	2016	深圳	5000
218	中梦融资租赁（深圳）有限公司	2016	深圳	5000
218	国行融资租赁（深圳）有限公司	2016	深圳	5000
218	华瑞融资租赁（深圳）有限公司	2016	深圳	5000
218	中祥融资租赁（深圳）有限公司	2016	深圳	5000
218	中经国际融资租赁（深圳）有限公司	2016	深圳	5000
218	中广国际融资租赁（深圳）有限公司	2016	深圳	5000
218	亚盛融资租赁（深圳）有限公司	2016	深圳	5000
218	卓信国际融资租赁（深圳）有限公司	2016	深圳	5000
218	中金玉盈融资租赁（深圳）有限公司	2016	深圳	5000
218	中资国际融资租赁（深圳）有限公司	2016	深圳	5000
218	中晟达国际融资租赁（深圳）有限公司	2016	深圳	5000
218	中琪国际融资租赁（深圳）有限公司	2016	深圳	5000
218	中颖利融资租赁（深圳）有限公司	2016	深圳	5000
218	广赢国际融资租赁（深圳）有限公司	2016	深圳	5000
218	中程国际融资租赁（深圳）有限公司	2016	深圳	5000
218	银航国际融资租赁（深圳）有限公司	2016	深圳	5000
218	国运国际融资租赁（深圳）有限公司	2016	深圳	5000
218	中创国际融资租赁（深圳）有限公司	2016	深圳	5000
218	博维融资租赁（深圳）有限公司	2016	深圳	5000
218	江淮融资租赁（深圳）有限公司	2016	深圳	5000
218	环亚国际融资租赁（深圳）有限公司	2016	深圳	5000
218	中博利华（深圳）融资租赁有限公司	2016	深圳	5000
218	中启国际融资租赁（深圳）有限公司	2016	深圳	5000
218	中臻国际融资租赁（深圳）有限公司	2016	深圳	5000

排名	企业名称	注册时间	注册地	注册资金（万美元）
218	中科建国际融资租赁（深圳）有限公司	2016	深圳	5000
218	中科建融资租赁（深圳）有限公司	2016	深圳	5000
218	湘银国际融资租赁（深圳）有限公司	2016	深圳	5000
218	国达融资租赁（深圳）有限公司	2016	深圳	5000
218	中港深融资租赁（深圳）有限公司	2016	深圳	5000
218	深圳市高新融资租赁有限公司	2016	深圳	5000
218	国森国际融资租赁（深圳）有限公司	2016	深圳	5000
218	中太华信（深圳）融资租赁有限公司	2016	深圳	5000
218	中都国际融资租赁（深圳）有限公司	2016	深圳	5000
218	盟汇信（中国）融资租赁有限公司	2016	深圳	5000
218	悦菲（中国）融资租赁有限公司	2016	深圳	5000
218	首页（中国）融资租赁有限公司	2016	深圳	5000
218	中天铸融资租赁（深圳）有限公司	2016	深圳	5000
218	中权国际融资租赁（深圳）有限公司	2016	深圳	5000
218	国译融资租赁（深圳）有限公司	2016	深圳	5000
218	国丰耀融资租赁（深圳）有限公司	2016	深圳	5000
218	中渝国际融资租赁（深圳）有限公司	2016	深圳	5000
218	华创国际融资租赁（深圳）有限公司	2016	深圳	5000
218	中威融资租赁（深圳）有限公司	2016	深圳	5000
218	天雅融资租赁（深圳）有限公司	2016	深圳	5000
218	中禹国际融资租赁（深圳）有限公司	2016	深圳	5000
218	中宜融资租赁（深圳）有限公司	2016	深圳	5000
218	中庆融资租赁（深圳）有限公司	2016	深圳	5000
218	中汇金国际融资租赁（深圳）有限公司	2016	深圳	5000
218	中泉融资租赁（深圳）有限公司	2016	深圳	5000
218	骏和（深圳）融资租赁有限公司	2016	深圳	5000
218	中建投融资租赁（深圳）有限公司	2016	深圳	5000
218	中京融资租赁有限公司	2016	深圳	5000

排名	企业名称	注册时间	注册地	注册资金（万美元）
218	中天泽融资租赁有限公司	2016	深圳	5000
218	克莱尔（中国）融资租赁有限公司	2016	深圳	5000
218	华富融资租赁（深圳）有限公司	2016	深圳	5000
218	中资华商融资租赁（深圳）有限公司	2016	深圳	5000
218	同泰长盛融资租赁（深圳）有限公司	2016	深圳	5000
218	深圳中轩融资租赁有限公司	2016	深圳	5000
218	国昌盛融资租赁（深圳）有限公司	2016	深圳	5000
218	国信（深圳）国际融资租赁有限公司	2016	深圳	5000
218	邦信融资租赁（深圳）有限公司	2016	深圳	5000
218	国金（深圳）国际融资租赁有限公司	2016	深圳	5000
218	中鑫汇金融资租赁（深圳）有限公司	2016	深圳	5000
218	中金国投融资租赁（深圳）有限公司	2016	深圳	5000
218	亿融邦融资租赁（深圳）有限公司	2016	深圳	5000
218	国耀融资租赁（深圳）有限公司	2016	深圳	5000
218	非凡者（中国）融资租赁有限公司	2016	深圳	5000
218	中融华控融资租赁（深圳）有限公司	2016	深圳	5000
218	佑顺大旺融资租赁（深圳）有限公司	2016	深圳	5000
218	广恒融资租赁（深圳）有限公司	2016	深圳	5000
218	中伟融资租赁（深圳）有限公司	2016	深圳	5000
218	中广发融资租赁（深圳）有限公司	2016	深圳	5000
218	弘毅融资租赁（深圳）有限公司	2016	深圳	5000
218	恒华信融资租赁（深圳）有限公司	2016	深圳	5000
218	中赢宝盛融资租赁（深圳）有限公司	2016	深圳	5000
218	星际融资租赁（深圳）有限公司	2016	深圳	5000
218	华夏鼎泰（厦门）融资租赁有限公司	2016	厦门	5000
218	阜川（厦门）融资租赁有限公司	2016	厦门	5000
218	厦门高时融资租赁有限公司	2016	厦门	5000
218	沃德应达（中国）融资租赁有限公司	2016	厦门	5000

排名	企业名称	注册时间	注册地	注册资金（万美元）
218	赫裕昌（厦门）融资租赁有限公司	2016	厦门	5000
218	奥谷（中国）融资租赁有限公司	2016	厦门	5000
218	中互凯（厦门）融资租赁有限公司	2016	厦门	5000
218	昱致（厦门）融资租赁有限公司	2016	厦门	5000
218	福银联合（厦门）融资租赁有限公司	2016	厦门	5000
218	厦门浦航融资租赁有限公司	2016	厦门	5000
218	国海汇通融资租赁（厦门）有限公司	2016	厦门	5000
218	美好（江苏）融资租赁有限公司	2016	南通	5000
218	中润国盈融资租赁（东台）有限公司	2016	盐城	5000
218	泰兴市智远融资租赁有限公司	2016	泰兴	5000
218	江苏元富融资租赁有限公司	2016	无锡	5000
218	至信融资租赁有限公司	2016	杭州	5000
218	中油融资租赁（杭州）有限公司	2016	杭州	5000
218	宁波梅山保税港区云赋融资租赁有限公司	2016	宁波	5000
218	宁波梅山保税港区亚润融资租赁有限公司	2016	宁波	5000
218	宁波梅山保税港区茂顺融资租赁有限公司	2016	宁波	5000
218	山水融资租赁股份有限公司	2016	丽水	5000
218	山东金华康融资租赁有限公司	2016	济南	5000
218	山东海通鲁惠融资租赁有限公司	2016	济南	5000
218	山东国鲁融资租赁有限公司	2016	济南	5000
218	青岛中恒华信融资租赁有限公司	2016	青岛	5000
218	信美国际融资租赁有限公司	2016	青岛	5000
218	威海富海融资租赁有限公司	2016	威海	5000
218	烟台华英融资租赁有限公司	2016	烟台	5000
218	泰安捷盈融资租赁有限公司	2016	泰安	5000
218	大连旌联融资租赁有限公司	2016	大连	5000
218	大连铭西融资租赁有限公司	2016	大连	5000
218	大连明雍融资租赁有限公司	2016	大连	5000

排名	企业名称	注册时间	注册地	注册资金（万美元）
218	国泓融资租赁（大连）有限公司	2016	大连	5000
218	大连国信源融资租赁有限公司	2016	大连	5000
218	国铧融资租赁（大连）有限公司	2016	大连	5000
218	国隆融资租赁（大连）有限公司	2016	大连	5000
218	中渝国际融资租赁有限公司	2016	重庆	5000
218	天府国际融资租赁有限公司	2016	成都	5000
218	陕西帝豪佰越融资租赁有限公司	2016	西安	5000
218	陕西均达升融资租赁有限公司	2016	西安	5000
218	牡丹江穆悦融资租赁有限公司	2016	牡丹江	5000
218	中恒融资租赁（深圳）有限公司	2016	深圳	5000
218	锦旺融资租赁（深圳）有限公司	2016	深圳	5000
218	启鸿（中国）融资租赁有限公司	2016	深圳	5000
218	亚马逊（中国）融资租赁有限公司	2016	深圳	5000
218	新世纪融资租赁（深圳）有限公司	2016	深圳	5000
218	不忘初心融资租赁（深圳）有限公司	2016	深圳	5000
218	中浦融资租赁（深圳）有限公司	2016	深圳	5000
218	中融国源融资租赁（深圳）有限公司	2016	深圳	5000
218	中亿行融资租赁（深圳）有限公司	2016	深圳	5000
218	国投（深圳）国际融资租赁有限公司	2016	深圳	5000
218	中融国鑫融资租赁（深圳）有限公司	2016	深圳	5000
218	中交国际融资租赁（深圳）有限公司	2016	深圳	5000
218	天使融资租赁（深圳）有限公司	2016	深圳	5000
218	中彩融资租赁（深圳）有限公司	2016	深圳	5000
218	中煜融资租赁（深圳）有限公司	2016	深圳	5000
218	中采融资租赁（深圳）有限公司	2016	深圳	5000
218	中讯融资租赁（深圳）有限公司	2016	深圳	5000
218	众沃融资租赁（深圳）有限公司	2016	深圳	5000
218	国羽融资租赁（深圳）有限公司	2016	深圳	5000

排名	企业名称	注册时间	注册地	注册资金（万美元）
218	鼎腾融资租赁（深圳）有限公司	2016	深圳	5000
218	中金盛世融资租赁（深圳）有限公司	2016	深圳	5000
218	中丰融资租赁（深圳）有限公司	2016	深圳	5000
218	中船融资租赁（深圳）有限公司	2016	深圳	5000
218	国维融资租赁（深圳）有限公司	2016	深圳	5000
218	天地融资租赁（深圳）有限公司	2016	深圳	5000
218	中汇发融资租赁（深圳）有限公司	2016	深圳	5000
218	中麟融资租赁（深圳）有限公司	2016	深圳	5000
218	开元融资租赁（深圳）有限公司	2016	深圳	5000
218	宏祥国际融资租赁有限公司	2016	深圳	5000
218	中旺达融资租赁（深圳）有限公司	2016	深圳	5000
218	中孝融资租赁（深圳）有限公司	2016	深圳	5000
218	国蔚融资租赁（深圳）有限公司	2016	深圳	5000
218	中环联和融资租赁（深圳）有限公司	2016	深圳	5000
218	国新融资租赁（深圳）有限公司	2016	深圳	5000
218	中义融资租赁（深圳）有限公司	2016	深圳	5000
218	中科招商融资租赁（深圳）有限公司	2016	深圳	5000
218	国臻融资租赁（深圳）有限公司	2016	深圳	5000
218	金禾融资租赁有限公司	2016	深圳	5000
218	中融国信融资租赁（深圳）有限公司	2016	深圳	5000
219	亿达国际租赁（天津）有限公司	2010	天津	4999
219	青岛联创汇融资租赁有限公司	2015	青岛	4999
219	青岛黄发量通融资租赁有限公司	2015	青岛	4999
219	霍尔果斯一航融资租赁有限公司	2016	伊犁	4999
220	浙江晟泰融资租赁有限公司	2015	杭州	4998
221	当代融资租赁（杭州）有限公司	2015	杭州	4990
222	汇轩融资租赁（杭州）有限公司	2011	杭州	4980
222	极天融资租赁（杭州）有限公司	2013	杭州	4980

排名	企业名称	注册时间	注册地	注册资金（万美元）
222	浙江金倍利融资租赁有限公司	2014	杭州	4980
222	广汇融资租赁有限公司	2014	杭州	4980
222	天济融资租赁（杭州）有限公司	2014	杭州	4980
222	浙江长兴中小企业融资租赁有限公司	2014	湖州	4980
223	聚信国际租赁股份有限公司	2009	上海	4969
224	博然（天津）融资租赁有限公司	2012	天津	4962
225	浙江民捷润生融资租赁有限公司	2015	湖州	4957
226	创富融资租赁（上海）有限公司	2010	上海	4950
227	两江融资租赁股份有限公司	2012	重庆	4942
228	三易融资租赁有限公司	2012	宁波	4900
228	海科融资租赁（福建）有限公司	2012	福州	4900
228	江苏三海融资租赁有限公司	2014	无锡	4900
228	山东双盛万隆融资租赁有限公司	2014	济南	4900
228	青岛思达瑞通融资租赁有限公司	2014	青岛	4900
228	嘉国融资租赁有限公司	2015	青岛	4900
229	翔龙融资租赁（深圳）有限公司	2012	深圳	4800
229	中银联合国际融资租赁有限公司	2013	天津	4800
229	华思利融资租赁（上海）有限公司	2014	上海	4800
229	粟厚番（上海）融资租赁有限公司	2014	上海	4800
229	集品吉能融资租赁（上海）有限公司	2014	上海	4800
230	汇迈（上海）融资租赁有限公司	2016	上海	4783
230	鑫通融资租赁（大连）有限公司	2014	大连	4783
231	华圣融资租赁（中国）有限公司	2006	北京	4775
232	华鲁国际融资租赁有限公司	2013	济南	4772
233	东瑞盛世利融资租赁有限公司	2006	上海	4750
234	汇辰融资租赁有限公司	2014	天津	4710
235	青岛中金融资租赁有限公司	2013	青岛	4700
236	无锡财通融资租赁有限公司	2015	无锡	4697

排名	企业名称	注册时间	注册地	注册资金（万美元）
237	龙惠融资租赁有限公司	2011	上海	4638
237	深圳前海毅德融资租赁有限公司	2015	深圳	4638
237	中投基业融资租赁有限公司	2016	青岛	4638
237	山东恒易融资租赁有限公司	2016	青岛	4638
237	重庆金柏联融资租赁有限公司	2016	重庆	4638
238	太上融资租赁（上海）有限公司	2015	上海	4609
239	常州逸恒融资租赁股份有限公司	2012	常州	4563
240	利乐包装（昆山）有限公司	1994	昆山	4510
241	上海道发融资租赁有限公司	2014	上海	4500
241	上海慧祥融资租赁有限公司	2014	上海	4500
241	南通铠斯融资租赁有限公司	2014	南通	4500
241	崇坚融资租赁（深圳）有限公司	2014	深圳	4500
241	海弘融资租赁（上海）有限公司	2015	上海	4500
241	钧绣融资租赁（上海）有限公司	2015	上海	4500
241	巨优融资租赁（上海）有限公司	2015	上海	4500
241	深圳市蕴德丰融资租赁有限公司	2016	深圳	4500
241	深圳市前海熙元融资租赁有限公司	2016	深圳	4500
242	和中融资租赁有限公司	2012	昆明	4493
242	山东千禧融资租赁有限公司	2014	济南	4493
243	上海优拓融资租赁有限公司	2014	上海	4420
244	钧益（上海）融资租赁有限公司	2010	上海	4360
245	常州宝通融资租赁有限公司	2013	常州	4350
246	重庆特斯联融资租赁有限公司	2010	重庆	4349
247	上海金海岸融资租赁有限公司	2001	上海	4348
247	浙江锦盈融资租赁有限公司	2007	杭州	4348
247	广东合众创盈融资租赁有限公司	2010	广州	4348
247	苏州中国东方丝绸市场融资租赁有限公司	2011	苏州	4348
247	江苏德仁融资租赁有限公司	2011	吴江	4348

排名	企业名称	注册时间	注册地	注册资金（万美元）
247	帝增（上海）融资租赁有限公司	2011	上海	4348
247	深圳市华康信融资租赁有限公司	2011	深圳	4348
247	蓝海融资租赁有限公司	2011	广州	4348
247	广东中泰融资租赁有限公司	2011	广州	4348
247	首信融资租赁有限公司	2012	天津	4348
247	汇亚国际融资租赁股份有限公司	2012	上海	4348
247	中皓融资租赁（上海）股份有限公司	2012	上海	4348
247	恒河融资租赁（上海）有限公司	2012	上海	4348
247	上海诚达融资租赁有限责任公司	2012	上海	4348
247	纵横国际融资租赁有限公司	2012	上海	4348
247	信泰融资租赁（上海）有限公司	2012	上海	4348
247	华富融资租赁（上海）有限公司	2012	上海	4348
247	上海宝通融资租赁有限公司	2012	上海	4348
247	北京美科动力融资租赁有限公司	2012	北京	4348
247	北京中创融资租赁有限公司	2012	北京	4348
247	广东谷丰融资租赁有限公司	2012	广州	4348
247	广东嘉银融资租赁有限公司	2012	广州	4348
247	广东汇银华浦融资租赁有限公司	2012	广州	4348
247	力中国际融资租赁有限公司	2012	广州	4348
247	诚联融资租赁有限责任公司	2012	青岛	4348
247	顺泰融资租赁股份有限公司	2012	常州	4348
247	苏州中亚融资租赁有限公司	2012	苏州	4348
247	苏州汇金融资租赁有限公司	2012	苏州	4348
247	北京中盛国际融资租赁有限公司	2013	北京	4348
247	国融联合融资租赁有限公司	2013	北京	4348
247	北京新能融资租赁有限公司	2013	北京	4348
247	上海德众融资租赁有限公司	2013	上海	4348
247	上海永达融资租赁有限公司	2013	上海	4348

排名	企业名称	注册时间	注册地	注册资金（万美元）
247	上海鼎益融资租赁有限公司	2013	上海	4348
247	上海瑞隆融资租赁有限公司	2013	上海	4348
247	石花融资租赁（上海）有限公司	2013	上海	4348
247	上海电气融创融资租赁有限公司	2013	上海	4348
247	国融（天津）融资租赁有限公司	2013	天津	4348
247	中融盛国际融资租赁（天津）有限公司	2013	天津	4348
247	天津国银新源国际租赁有限公司	2013	天津	4348
247	浙江富藤融资租赁有限公司	2013	杭州	4348
247	安徽新安融资租赁有限公司	2013	芜湖	4348
247	山东金盛融资租赁有限公司	2013	东营	4348
247	山东黄河三角洲融资租赁有限公司	2013	东营	4348
247	江苏国润融资租赁有限公司	2013	常州	4348
247	广东瑞银融资租赁有限公司	2013	广州	4348
247	深圳中恒泰富融资租赁有限公司	2013	深圳	4348
247	金沃国际融资租赁有限公司	2013	深圳	4348
247	前海百城融资租赁（深圳）有限公司	2013	深圳	4348
247	卓越资本融资租赁有限公司	2013	深圳	4348
247	厚川融资租赁有限公司	2014	天津	4348
247	上海太浩融资租赁有限公司	2014	上海	4348
247	天地融资租赁有限公司	2014	上海	4348
247	上海冀中隆通融资租赁有限公司	2014	上海	4348
247	和厚融资租赁（上海）有限公司	2014	上海	4348
247	亚信财富融资租赁有限公司	2014	上海	4348
247	上海富升融资租赁有限公司	2014	上海	4348
247	上海安颐融资租赁有限公司	2014	上海	4348
247	远信融资租赁有限公司	2014	上海	4348
247	上海中车融资租赁有限公司	2014	上海	4348
247	淮矿上信融资租赁有限公司	2014	上海	4348

排名	企业名称	注册时间	注册地	注册资金（万美元）
247	上海新景融资租赁有限公司	2014	上海	4348
247	诺亚（上海）融资租赁有限公司	2014	上海	4348
247	上海宏易融资租赁有限公司	2014	上海	4348
247	上海诚济融资租赁有限公司	2014	上海	4348
247	上海富业融资租赁有限公司	2014	上海	4348
247	上海尉珰融资租赁有限公司	2014	上海	4348
247	安徽中安融资租赁股份有限公司	2014	合肥	4348
247	安徽高速融资租赁有限公司	2014	合肥	4348
247	齐鲁国际融资租赁有限公司	2014	济南	4348
247	山东中和永道融资租赁有限公司	2014	济宁	4348
247	广州香江融资租赁有限公司	2014	广州	4348
247	鼎盛国际融资租赁有限公司	2014	广州	4348
247	广东恒晟融资租赁有限公司	2014	广州	4348
247	广东灏成融资租赁有限公司	2014	广州	4348
247	广州奥莱特融资租赁有限公司	2014	广州	4348
247	深圳市前海融资租赁金融交易中心有限公司	2014	深圳	4348
247	德润融资租赁（深圳）有限公司	2014	深圳	4348
247	深圳市前海正佳融资租赁有限公司	2014	深圳	4348
247	中海船舶（深圳）融资租赁有限公司	2014	深圳	4348
247	德润融资租赁（深圳）有限公司	2014	深圳	4348
247	广东晋生融资租赁有限公司	2014	佛山	4348
247	重庆万隆融资租赁有限公司	2014	重庆	4348
247	重庆新汇融资租赁有限公司	2014	重庆	4348
247	重庆鑫源融资租赁有限公司	2014	重庆	4348
247	重庆扬子江和远融资租赁有限公司	2014	重庆	4348
247	国仁融资租赁有限公司	2014	杭州	4348
247	睿锦融资租赁有限公司	2014	杭州	4348

排名	企业名称	注册时间	注册地	注册资金（万美元）
247	中嘉通盈融资租赁（大连）有限公司	2014	大连	4348
247	陕西长安兴业融资租赁有限公司	2014	西安	4348
247	江西聚融融资租赁有限公司	2014	南昌	4348
247	四川发展融资租赁有限公司	2014	成都	4348
247	成都中鼎融资租赁有限公司	2014	成都	4348
247	北京连赢融资租赁有限公司	2015	北京	4348
247	盛恒融资租赁有限公司	2015	北京	4348
247	鑫汇融资租赁（北京）有限公司	2015	北京	4348
247	昌茂融资租赁有限公司	2015	北京	4348
247	京津冀融资租赁（天津）有限公司	2015	天津	4348
247	拓达（天津）融资租赁有限公司	2015	天津	4348
247	银宏（天津）融资租赁有限公司	2015	天津	4348
247	天津四海友诚融资租赁有限公司	2015	天津	4348
247	如通（天津）融资租赁有限公司	2015	天津	4348
247	天津坤腾远达融资租赁有限公司	2015	天津	4348
247	盛腾融资租赁（中国）有限公司	2015	天津	4348
247	中汇鑫德融资租赁（天津）有限公司	2015	天津	4348
247	领先国际融资租赁有限公司	2015	天津	4348
247	中海昌达融资租赁（天津）有限公司	2015	天津	4348
247	中升国际融资租赁（天津）有限公司	2015	天津	4348
247	中恒昆斯汀（天津）融资租赁有限公司	2015	天津	4348
247	上海银氏融资租赁有限公司	2015	上海	4348
247	上海吉商融资租赁有限公司	2015	上海	4348
247	欣久融资租赁（上海）有限公司	2015	上海	4348
247	上海嘉瑞融资租赁有限公司	2015	上海	4348
247	卓盈融资租赁有限公司	2015	上海	4348
247	上海康明融资租赁有限公司	2015	上海	4348
247	上海熠达融资租赁有限公司	2015	上海	4348

排名	企业名称	注册时间	注册地	注册资金（万美元）
247	砚华融资租赁（上海）有限公司	2015	上海	4348
247	上海贸天融资租赁有限公司	2015	上海	4348
247	禧烨（上海）融资租赁有限公司	2015	上海	4348
247	涵宇融资租赁（上海）有限公司	2015	上海	4348
247	上海鑫盛融资租赁有限公司	2015	上海	4348
247	荣成融资租赁（上海）有限公司	2015	上海	4348
247	鹏尔融资租赁（上海）有限公司	2015	上海	4348
247	上海龙翔融资租赁有限公司	2015	上海	4348
247	锐洲（上海）融资租赁有限公司	2015	上海	4348
247	东昫（上海）融资租赁有限公司	2015	上海	4348
247	上海宇博融资租赁有限公司	2015	上海	4348
247	上海颉弘融资租赁有限公司	2015	上海	4348
247	上海鹏华融资租赁有限公司	2015	上海	4348
247	富翀（上海）融资租赁有限公司	2015	上海	4348
247	优诚融资租赁（上海）有限公司	2015	上海	4348
247	上海秀星融资租赁有限公司	2015	上海	4348
247	照亿融资租赁（上海）有限公司	2015	上海	4348
247	网商融资租赁有限公司	2015	上海	4348
247	上海康佑融资租赁有限公司	2015	上海	4348
247	上海宗茂融资租赁有限责任公司	2015	上海	4348
247	上海衡则融资租赁有限公司	2015	上海	4348
247	锐智（上海）融资租赁有限公司	2015	上海	4348
247	恒嘉（上海）融资租赁有限公司	2015	上海	4348
247	劲酷融资租赁（中国）有限公司	2015	上海	4348
247	上海寰顺融资租赁有限公司	2015	上海	4348
247	瑞石融资租赁（上海）有限公司	2015	上海	4348
247	易佰融资租赁（上海）有限公司	2015	上海	4348
247	上海优圣融资租赁有限公司	2015	上海	4348

排名	企业名称	注册时间	注册地	注册资金（万美元）
247	上海荣辉融资租赁有限公司	2015	上海	4348
247	磐信融资租赁（上海）有限公司	2015	上海	4348
247	伽威融资租赁（上海）有限公司	2015	上海	4348
247	上海正宏融资租赁有限公司	2015	上海	4348
247	嘉莘融资租赁（上海）有限公司	2015	上海	4348
247	仪电思佰益融资租赁（上海）有限公司	2015	上海	4348
247	东凰融资租赁（上海）有限公司	2015	上海	4348
247	上海个陵融资租赁有限公司	2015	上海	4348
247	上海荣达融资租赁有限公司	2015	上海	4348
247	上海贝福融资租赁有限公司	2015	上海	4348
247	安琪融资租赁（上海）有限公司	2015	上海	4348
247	新力融资租赁（上海）有限公司	2015	上海	4348
247	荣升融资租赁（上海）有限公司	2015	上海	4348
247	正恒融资租赁（上海）有限公司	2015	上海	4348
247	上海闵商联融资租赁有限公司	2015	上海	4348
247	上海有车有家融资租赁有限公司	2015	上海	4348
247	国亿融资租赁（上海）有限公司	2015	上海	4348
247	上海国羲融资租赁有限公司	2015	上海	4348
247	翊心融资租赁（上海）有限公司	2015	上海	4348
247	上海灿宏融资租赁有限公司	2015	上海	4348
247	昊睿融资租赁（上海）有限公司	2015	上海	4348
247	智和融资租赁（上海）有限公司	2015	上海	4348
247	上海福轩融资租赁有限公司	2015	上海	4348
247	上海百伦融资租赁有限公司	2015	上海	4348
247	冠银融资租赁（上海）有限公司	2015	上海	4348
247	谦瑞融资租赁（上海）有限公司	2015	上海	4348
247	禹顺融资租赁（上海）有限公司	2015	上海	4348
247	聚意融资租赁（上海）有限公司	2015	上海	4348

排名	企业名称	注册时间	注册地	注册资金（万美元）
247	远景国际融资租赁有限公司	2015	上海	4348
247	中云融资租赁（上海）有限公司	2015	上海	4348
247	上海优程融资租赁有限公司	2015	上海	4348
247	上海傲盛融资租赁有限公司	2015	上海	4348
247	上海珑亿融资租赁有限公司	2015	上海	4348
247	嘉豪融资租赁（上海）有限公司	2015	上海	4348
247	上海国源融资租赁有限公司	2015	上海	4348
247	晋李融资租赁（上海）有限公司	2015	上海	4348
247	金润天成融资租赁有限公司	2015	上海	4348
247	宏飞融资租赁（上海）有限公司	2015	上海	4348
247	创嘉（上海）融资租赁有限公司	2015	上海	4348
247	金海汇通融资租赁有限公司	2015	上海	4348
247	上海创开融资租赁有限公司	2015	上海	4348
247	圭顿融资租赁（上海）有限公司	2015	上海	4348
247	淼善融资租赁（上海）有限公司	2015	上海	4348
247	磐隆（上海）融资租赁有限公司	2015	上海	4348
247	倡志融资租赁（上海）有限公司	2015	上海	4348
247	上海利弗融资租赁有限公司	2015	上海	4348
247	上海微事得融资租赁有限公司	2015	上海	4348
247	加金融资租赁（上海）有限公司	2015	上海	4348
247	坤乙融资租赁（上海）有限公司	2015	上海	4348
247	丰迦融资租赁（上海）有限公司	2015	上海	4348
247	上海晶远融资租赁有限公司	2015	上海	4348
247	上海致宏融资租赁有限公司	2015	上海	4348
247	海程融资租赁（上海）有限公司	2015	上海	4348
247	骏放融资租赁（上海）有限公司	2015	上海	4348
247	亿响（上海）融资租赁有限公司	2015	上海	4348
247	开伦融资租赁（上海）有限责任公司	2015	上海	4348

排名	企业名称	注册时间	注册地	注册资金（万美元）
247	华佑融资租赁有限公司	2015	上海	4348
247	海鹏融资租赁（上海）有限公司	2015	上海	4348
247	坤鹏融资租赁（上海）有限公司	2015	上海	4348
247	上海巨辰融资租赁有限公司	2015	上海	4348
247	华远（上海）融资租赁有限公司	2015	上海	4348
247	锦泽（上海）融资租赁有限公司	2015	上海	4348
247	蒙泰（上海）融资租赁有限公司	2015	上海	4348
247	天玑融资租赁（上海）有限公司	2015	上海	4348
247	吉道（上海）融资租赁有限公司	2015	上海	4348
247	港银（上海）融资租赁有限公司	2015	上海	4348
247	祥意融资租赁（上海）有限公司	2015	上海	4348
247	中域融资租赁（上海）有限公司	2015	上海	4348
247	上海南车融资租赁有限公司	2015	上海	4348
247	圣恒融资租赁（上海）有限公司	2015	上海	4348
247	鳌宁融资租赁（上海）有限公司	2015	上海	4348
247	深圳南玻融资租赁有限公司	2015	深圳	4348
247	成渝融资租赁有限公司	2015	深圳	4348
247	冀中能源峰峰（深圳）融资租赁有限公司	2015	深圳	4348
247	深圳市大志融资租赁有限公司	2015	深圳	4348
247	亚洲联合国际融资租赁有限公司	2015	深圳	4348
247	嘉丰和泰融资租赁有限公司	2015	深圳	4348
247	广东耀达融资租赁有限公司	2015	深圳	4348
247	深圳市九控融资租赁有限公司	2015	深圳	4348
247	深圳市世通祥瑞融资租赁有限公司	2015	深圳	4348
247	华荣融资租赁（深圳）有限公司	2015	深圳	4348
247	深圳市嗨投融资租赁有限公司	2015	深圳	4348
247	松佰融资租赁（深圳）有限公司	2015	深圳	4348
247	弘亿融资租赁（深圳）有限公司	2015	深圳	4348

排名	企业名称	注册时间	注册地	注册资金（万美元）
247	深圳前海盛瑞丰融资租赁有限公司	2015	深圳	4348
247	广东耀达融资租赁有限公司	2015	深圳	4348
247	广东润锦融资租赁有限公司	2015	广州	4348
247	广东永裕恒丰融资租赁有限公司	2015	广州	4348
247	广东保利汇融资租赁有限公司	2015	广州	4348
247	广东财港融资租赁有限公司	2015	广州	4348
247	广东通产融资租赁有限公司	2015	广州	4348
247	广东华夏融资租赁有限公司	2015	广州	4348
247	广东钧泰融资租赁有限公司	2015	广州	4348
247	富柏国际融资租赁有限公司	2015	广州	4348
247	广东亚投融资租赁有限公司	2015	广州	4348
247	广东量银融资租赁有限公司	2015	广州	4348
247	广东如通融资租赁有限公司	2015	广州	4348
247	广东宣德融资租赁有限公司	2015	广州	4348
247	庆汇租赁（横琴）有限公司	2015	珠海	4348
247	珠海横琴丰盈融资租赁有限公司	2015	珠海	4348
247	广东谊信融资租赁有限公司	2015	珠海	4348
247	百融通融资租赁有限公司	2015	珠海	4348
247	广东宝联融资租赁有限公司	2015	珠海	4348
247	广东友联融资租赁有限公司	2015	珠海	4348
247	珠海国光融资租赁有限公司	2015	珠海	4348
247	苏州高新福瑞融资租赁有限公司	2015	苏州	4348
247	浙财融资租赁（杭州）有限公司	2015	杭州	4348
247	后英融资租赁（大连）有限公司	2015	大连	4348
247	重庆通航融资租赁有限公司	2015	重庆	4348
247	加银融资租赁有限公司	2015	重庆	4348
247	祥和融资租赁有限公司	2015	济南	4348
247	港通国际融资租赁有限公司	2015	济南	4348

排名	企业名称	注册时间	注册地	注册资金（万美元）
247	四川鑫皇玖合融资租赁有限责任公司	2015	成都	4348
247	成都城商行融资租赁有限公司	2015	成都	4348
247	华筹融资租赁有限公司	2015	成都	4348
247	厦门陇能融资租赁有限公司	2015	厦门	4348
247	福能（漳州）融资租赁股份有限公司	2015	漳州	4348
247	福建新海融资租赁有限公司	2015	平潭	4348
247	陕西盛汇融资租赁有限公司	2015	西安	4348
247	青海开创融资租赁有限公司	2015	西宁	4348
247	中原豫泽融资租赁（上海）有限公司	2016	上海	4348
247	嘉诺融资租赁（上海）有限公司	2016	上海	4348
247	上海雷拓融资租赁有限公司	2016	上海	4348
247	绿阅融资租赁（上海）有限公司	2016	上海	4348
247	朗皓融资租赁（上海）有限公司	2016	上海	4348
247	上海煜立融资租赁有限公司	2016	上海	4348
247	拥锦融资租赁（上海）有限公司	2016	上海	4348
247	沣邦融资租赁（上海）有限公司	2016	上海	4348
247	国投邦银融资租赁有限公司	2016	上海	4348
247	上海信核融资租赁有限公司	2016	上海	4348
247	宏愿融资租赁（上海）有限公司	2016	上海	4348
247	上海鲁地融资租赁有限公司	2016	上海	4348
247	御贤融资租赁（上海）有限公司	2016	上海	4348
247	达盛（上海）融资租赁有限公司	2016	上海	4348
247	上海创先融资租赁有限公司	2016	上海	4348
247	上海盛昌融资租赁有限公司	2016	上海	4348
247	上海民爱融资租赁有限公司	2016	上海	4348
247	上海唯楚融资租赁有限公司	2016	上海	4348
247	行拓融资租赁（上海）有限公司	2016	上海	4348
247	上海易豪融资租赁有限公司	2016	上海	4348

排名	企业名称	注册时间	注册地	注册资金（万美元）
247	上海宇鹏融资租赁有限公司	2016	上海	4348
247	茂隆国际融资租赁有限公司	2016	上海	4348
247	金恒（上海）融资租赁有限公司	2016	上海	4348
247	常嘉融资租赁（上海）有限公司	2016	上海	4348
247	厚金融资租赁（上海）有限公司	2016	上海	4348
247	斐润融资租赁（上海）有限公司	2016	上海	4348
247	沛瀛融资租赁（上海）有限公司	2016	上海	4348
247	丰圣融资租赁（上海）有限公司	2016	上海	4348
247	上海洛德丰融资租赁有限公司	2016	上海	4348
247	长城润恒融资租赁有限公司	2016	上海	4348
247	上海都思融资租赁有限公司	2016	上海	4348
247	上海浩皇融资租赁有限公司	2016	上海	4348
247	众联融资租赁（上海）有限公司	2016	上海	4348
247	伟炬恒能融资租赁（上海）有限公司	2016	上海	4348
247	上海信厚融资租赁有限公司	2016	上海	4348
247	中荣耀华（天津）融资租赁有限公司	2016	天津	4348
247	中传佳信（天津）融资租赁有限公司	2016	天津	4348
247	海信国际融资租赁（天津）有限公司	2016	天津	4348
247	中润达融资租赁有限公司	2016	天津	4348
247	盛鑫国际融资租赁（天津）有限公司	2016	天津	4348
247	信邦融资租赁（天津）有限公司	2016	天津	4348
247	安捷（天津）国际融资租赁有限公司	2016	天津	4348
247	工融国际融资租赁（天津）有限公司	2016	天津	4348
247	中金瑞通融资租赁（天津）有限公司	2016	天津	4348
247	中浙（天津）融资租赁有限公司	2016	天津	4348
247	国泽融资租赁（天津）有限公司	2016	天津	4348
247	天津问津融资租赁有限公司	2016	天津	4348
247	车壹融资租赁（天津）有限公司	2016	天津	4348

排名	企业名称	注册时间	注册地	注册资金（万美元）
247	中融华夏国际融资租赁（天津）有限公司	2016	天津	4348
247	中讯融资租赁（天津）有限公司	2016	天津	4348
247	中广融资租赁（天津）有限公司	2016	天津	4348
247	华新飞机租赁（天津）有限公司	2016	天津	4348
247	国富国际融资租赁（天津）有限公司	2016	天津	4348
247	众恒（天津）融资租赁有限公司	2016	天津	4348
247	中博联合国际融资租赁有限公司	2016	天津	4348
247	国成宝利融资租赁（天津）有限公司	2016	天津	4348
247	汉江融资租赁（天津）有限公司	2016	天津	4348
247	中汇融通国际融资租赁（天津）有限公司	2016	天津	4348
247	中福（天津）融资租赁有限公司	2016	天津	4348
247	中建融资租赁（天津）有限公司	2016	天津	4348
247	中安融资租赁（天津）有限公司	2016	天津	4348
247	昊鑫融资租赁（天津）有限公司	2016	天津	4348
247	长安远通国际融资租赁有限公司	2016	天津	4348
247	中瑞国银（天津）融资租赁有限公司	2016	天津	4348
247	鑫鸿融资租赁（天津）有限公司	2016	天津	4348
247	智联（天津）融资租赁有限公司	2016	天津	4348
247	尧德舜融资租赁（天津）有限公司	2016	天津	4348
247	中广核国际融资租赁（天津）有限公司	2016	天津	4348
247	华通财富国际融资租赁（天津）有限公司	2016	天津	4348
247	中镇国际融资租赁有限公司	2016	天津	4348
247	星宇中融资租赁（中国）有限公司	2016	天津	4348
247	中金国建融资租赁（天津）有限公司	2016	天津	4348
247	广东南粤融资租赁有限公司	2016	广州	4348
247	广东粤电融资租赁有限公司	2016	广州	4348
247	广东道远融资租赁有限公司	2016	广州	4348
247	广州羿宇银源融资租赁有限公司	2016	广州	4348

排名	企业名称	注册时间	注册地	注册资金（万美元）
247	万丰国际融资租赁有限公司	2016	广州	4348
247	广东汇铂融资租赁有限公司	2016	广州	4348
247	广东汇昇融资租赁有限公司	2016	广州	4348
247	广州市安丞达融资租赁有限公司	2016	广州	4348
247	广州市润邦融资租赁有限公司	2016	广州	4348
247	广州租呗融资租赁有限公司	2016	广州	4348
247	粤科港航融资租赁有限公司	2016	广州	4348
247	广东世可合融资租赁有限公司	2016	广州	4348
247	鑫汇国际融资租赁（深圳）有限公司	2016	深圳	4348
247	名利来融资租赁（深圳）有限公司	2016	深圳	4348
247	深圳市中广银融融资租赁有限公司	2016	深圳	4348
247	车好融资租赁（深圳）有限公司	2016	深圳	4348
247	深圳市九控融资租赁有限公司	2016	深圳	4348
247	建阳融资租赁（深圳）有限公司	2016	深圳	4348
247	企联融资租赁（深圳）有限公司	2016	深圳	4348
247	中住融资租赁（深圳）有限公司	2016	深圳	4348
247	中润富泰融资租赁有限公司	2016	深圳	4348
247	深圳华旗天下融资租赁有限公司	2016	深圳	4348
247	中凯融资租赁有限公司	2016	深圳	4348
247	万汇通融资租赁（深圳）有限公司	2016	深圳	4348
247	深圳市国本融资租赁有限公司	2016	深圳	4348
247	华都国际融资租赁（深圳）有限公司	2016	深圳	4348
247	华京融资租赁（深圳）有限公司	2016	深圳	4348
247	永利宝融资租赁（深圳）有限公司	2016	深圳	4348
247	深圳聚祥融资租赁有限公司	2016	深圳	4348
247	中凯（深圳）融资租赁有限公司	2016	深圳	4348
247	深圳市国兴融资租赁有限公司	2016	深圳	4348
247	广东中孚融资租赁有限公司	2016	深圳	4348

排名	企业名称	注册时间	注册地	注册资金（万美元）
247	盛世华融国际融资租赁（深圳）有限公司	2016	深圳	4348
247	弘翔国际融资租赁（深圳）有限公司	2016	深圳	4348
247	宜信融资租赁（深圳）有限公司	2016	深圳	4348
247	国银融资租赁（深圳）有限公司	2016	深圳	4348
247	深圳市国美融资租赁有限公司	2016	深圳	4348
247	深圳市新邦融资租赁有限公司	2016	深圳	4348
247	鑫汇财富融资租赁（深圳）有限公司	2016	深圳	4348
247	陆地融资租赁（深圳）有限公司	2016	深圳	4348
247	云鼎融资租赁（深圳）有限公司	2016	深圳	4348
247	蚂蚁达客融资租赁（深圳）有限公司	2016	深圳	4348
247	通汇融资租赁（深圳）有限公司	2016	深圳	4348
247	广东管车索融资租赁有限公司	2016	深圳	4348
247	浩南融资租赁深圳有限公司	2016	深圳	4348
247	鑫融财富融资租赁（深圳）有限公司	2016	深圳	4348
247	深圳市中晨融资租赁有限公司	2016	深圳	4348
247	世茂国际融资租赁（深圳）有限公司	2016	深圳	4348
247	安南融资租赁（深圳）有限公司	2016	深圳	4348
247	中瑾国际融资租赁（深圳）有限公司	2016	深圳	4348
247	中通汇融国际融资租赁（深圳）有限公司	2016	深圳	4348
247	燎原融资租赁（深圳）有限公司	2016	深圳	4348
247	国融国际融资租赁（深圳）有限公司	2016	深圳	4348
247	华宇盛世国际融资租赁（深圳）有限公司	2016	深圳	4348
247	银泰融资租赁（深圳）有限公司	2016	深圳	4348
247	世纪丰华融资租赁（深圳）有限公司	2016	深圳	4348
247	泛亚国际融资租赁（深圳）有限公司	2016	深圳	4348
247	世纪伟邦融资租赁（深圳）有限公司	2016	深圳	4348
247	深圳市中津融资租赁有限公司	2016	深圳	4348
247	国都融资租赁（深圳）有限公司	2016	深圳	4348

排名	企业名称	注册时间	注册地	注册资金（万美元）
247	中融寰球国际融资租赁（深圳）有限责任公司	2016	深圳	4348
247	国冠国际融资租赁（深圳）有限公司	2016	深圳	4348
247	环亚盛世融资租赁（深圳）有限公司	2016	深圳	4348
247	中投国际融资租赁（深圳）有限公司	2016	深圳	4348
247	亿信融资租赁（深圳）有限公司	2016	深圳	4348
247	华辰融资租赁（深圳）有限公司	2016	深圳	4348
247	华玉融资租赁（深圳）有限公司	2016	深圳	4348
247	华复伟悦融资租赁（深圳）有限公司	2016	深圳	4348
247	意达融资租赁（深圳）有限公司	2016	深圳	4348
247	国投创新融资租赁（深圳）有限公司	2016	深圳	4348
247	华聿融资租赁（深圳）有限公司	2016	深圳	4348
247	华诚融资租赁（深圳）有限公司	2016	深圳	4348
247	中字融资租赁（深圳）有限公司	2016	深圳	4348
247	动力融资租赁（深圳）有限公司	2016	深圳	4348
247	峥嵘融资租赁（深圳）有限公司	2016	深圳	4348
247	理通融资租赁（深圳）有限公司	2016	深圳	4348
247	瑞森融资租赁（深圳）有限公司	2016	深圳	4348
247	中兴汇商融资租赁有限公司	2016	深圳	4348
247	瑞亿投融资租赁（深圳）有限公司	2016	深圳	4348
247	中惟融资租赁（深圳）有限公司	2016	深圳	4348
247	蚂蚁融资租赁（深圳）有限公司	2016	深圳	4348
247	国豪（深圳）融资租赁有限公司	2016	深圳	4348
247	聚锦融资租赁（横琴）有限公司	2016	珠海	4348
247	珠海冉冉升起融资租赁有限公司	2016	珠海	4348
247	珠海市钰诚融资租赁有限公司	2016	珠海	4348
247	广东工合融资租赁有限公司	2016	汕头	4348
247	易得金（厦门）融资租赁有限公司	2016	厦门	4348

排名	企业名称	注册时间	注册地	注册资金（万美元）
247	奥鑫鸿景（厦门）融资租赁有限公司	2016	厦门	4348
247	兆通骏赫（厦门）融资租赁有限公司	2016	厦门	4348
247	南京紫金融资租赁有限责任公司	2016	南京	4348
247	苏州海鸿浩融资租赁有限公司	2016	苏州	4348
247	江苏腾海融资租赁有限公司	2016	淮安	4348
247	杭州睿弘融资租赁有限公司	2016	杭州	4348
247	中商（浙江）融资租赁有限公司	2016	杭州	4348
247	宁波盛裕鸿升融资租赁有限公司	2016	宁波	4348
247	宁波盛远国际融资租赁有限公司	2016	宁波	4348
247	山东盈通瑞祥融资租赁有限公司	2016	济南	4348
247	正平融资租赁有限公司	2016	济南	4348
247	青岛众赢天下融资租赁有限公司	2016	青岛	4348
247	青岛鸿华世达融资租赁有限公司	2016	青岛	4348
247	辽宁卓利达融资租赁有限公司	2016	大连	4348
247	海润紫荆国际融资租赁有限责任公司	2016	重庆	4348
247	四川信义鼎升融资租赁有限公司	2016	成都	4348
247	安徽优杰融资租赁有限公司	2016	合肥	4348
247	恒立金通融资租赁有限公司	2016	武汉	4348
247	湖北崇沣融资租赁有限公司	2016	武汉	4348
247	陕西远明融资租赁有限公司	2016	西安	4348
247	金亚融资租赁有限公司	2016	西安	4348
247	陕西兆银融资租赁有限公司	2016	西安	4348
247	霍尔果斯新丝路汇通融资租赁有限公司	2016	伊犁	4348
248	广州市森拓融资租赁有限公司	2014	广州	4333
248	苏州大摩融资租赁有限公司	2015	苏州	4333
249	约翰迪尔融资租赁有限公司	2010	天津	4200
249	河南安和融资租赁有限公司	2010	郑州	4200
249	重庆环江融资租赁有限公司	2014	重庆	4200

排名	企业名称	注册时间	注册地	注册资金（万美元）
250	中率融资租赁（上海）有限公司	2016	上海	4186
251	十鼎融资租赁（上海）有限公司	2015	上海	4174
252	供销集团（天津）国际融资租赁有限公司	2015	天津	4130
253	三营融资租赁有限公司	2010	上海	4060
254	申圆通融资租赁有限公司	2016	上海	4058
254	无锡金投通商融资租赁有限公司	2014	无锡	4058
255	仲津国际租赁有限公司	2010	天津	4000
255	诚通融资租赁有限公司	2010	北京	4000
255	江苏永高融资租赁有限公司	2011	南京	4000
255	康盛（天津）融资租赁有限责任公司	2012	天津	4000
255	诚兴（天津）融资租赁有限公司	2012	天津	4000
255	前租融资租赁有限公司	2012	深圳	4000
255	山东恒丰融资租赁有限公司	2012	东营	4000
255	苏州正大融资租赁有限公司	2012	苏州	4000
255	康正（上海）融资租赁有限责任公司	2013	上海	4000
255	上瑞融资租赁有限公司	2013	芜湖	4000
255	桉榏融资租赁有限公司	2014	北京	4000
255	百灵（天津）融资租赁有限公司	2014	天津	4000
255	隆泰银信融资租赁有限公司	2014	天津	4000
255	银鼎融资租赁（上海）有限公司	2014	上海	4000
255	安和融资租赁（上海）有限公司	2014	上海	4000
255	浩瀚（上海）融资租赁有限公司	2014	上海	4000
255	烟台绿叶融资租赁有限公司	2014	烟台	4000
255	前海民众融资租赁（深圳）有限公司	2014	深圳	4000
255	珠海横琴新区恒基润业融资租赁有限公司	2014	珠海	4000
255	宁夏国租融资租赁有限责任公司	2014	银川	4000
255	天津中融汇通融资租赁有限公司	2015	天津	4000
255	御丰（上海）融资租赁有限公司	2015	上海	4000

排名	企业名称	注册时间	注册地	注册资金（万美元）
255	尚程融资租赁（上海）有限公司	2015	上海	4000
255	聚昂融资租赁（上海）有限公司	2015	上海	4000
255	隆新（上海）融资租赁有限公司	2015	上海	4000
255	上海国惠融资租赁有限公司	2015	上海	4000
255	易登融资租赁（上海）有限公司	2015	上海	4000
255	嘉涵（上海）融资租赁有限公司	2015	上海	4000
255	腾月（上海）融资租赁有限公司	2015	上海	4000
255	优容（上海）融资租赁有限公司	2015	上海	4000
255	沙钢融资租赁（上海）有限公司	2015	上海	4000
255	裕融融资租赁（上海）有限公司	2015	上海	4000
255	上海钱浩融资租赁有限公司	2015	上海	4000
255	国睿融资租赁（上海）有限公司	2015	上海	4000
255	广州程凯融资租赁有限公司	2015	广州	4000
255	大连华融融资租赁有限公司	2015	大连	4000
255	裕德融资租赁（大连）有限公司	2015	大连	4000
255	重庆中铁国际融资租赁有限公司	2015	重庆	4000
255	临清泰和融资租赁有限公司	2015	聊城	4000
255	安徽惠基融资租赁有限公司	2015	合肥	4000
255	量道（厦门）融资租赁有限公司	2015	厦门	4000
255	瑜翰融资租赁（上海）有限公司	2016	上海	4000
255	云鼎（天津）融资租赁有限公司	2016	天津	4000
255	梅泰诺融资租赁有限公司	2016	天津	4000
255	深圳美的融资租赁有限公司	2016	深圳	4000
255	泰格品润融资租赁（深圳）有限公司	2016	深圳	4000
255	千蚁融资租赁（深圳）有限公司	2016	深圳	4000
255	深圳市华融融资租赁有限公司	2016	深圳	4000
255	融信汇理（深圳）融资租赁有限公司	2016	深圳	4000
255	国博融资租赁（深圳）有限公司	2016	深圳	4000

排名	企业名称	注册时间	注册地	注册资金（万美元）
255	百亮泉融资租赁（深圳）有限公司	2016	深圳	4000
255	中维融资租赁（深圳）有限公司	2016	深圳	4000
255	中宽融资租赁（深圳）有限公司	2016	深圳	4000
255	中瑞浩融资租赁（深圳）有限公司	2016	深圳	4000
255	众鑫融资租赁（福建）有限公司	2016	福州	4000
255	融创益隆（厦门）融资租赁有限公司	2016	厦门	4000
255	积米（嘉兴）融资租赁有限公司	2016	嘉兴	4000
255	山东安瑞银融资租赁有限公司	2016	济南	4000
255	嘉大（青岛）国际融资租赁有限公司	2016	青岛	4000
255	青岛中金纵横融资租赁有限公司	2016	青岛	4000
255	鑫海融实（青岛）国际融资租赁有限公司	2016	青岛	4000
255	子凡融资租赁有限公司	2012	上海	4000
255	沈阳中电隆嘉融资租赁有限公司	2016	沈阳	4000
255	中赢汇通融资租赁（大连）有限公司	2016	大连	4000
255	金乐融资租赁（大连）有限公司	2016	大连	4000
255	安徽惠邦融资租赁有限公司	2016	合肥	4000
255	融创融资租赁有限公司	2013	天津	4000
255	江苏德和融资租赁有限公司	2013	常州	4000
255	横琴国际融资租赁有限公司	2013	珠海	4000
255	安科融资租赁（中国）有限公司	2012	宁波	4000
255	深圳皓天融资租赁有限公司	2014	深圳	4000
255	宁波君安融资租赁有限公司	2014	宁波	4000
255	中润凯融资租赁（深圳）有限公司	2016	深圳	4000
255	盛世闽商融资租赁（深圳）有限公司	2016	深圳	4000
255	瑞兴德融资租赁（深圳）有限公司	2016	深圳	4000
255	日月常鑫融资租赁（深圳）有限公司	2016	深圳	4000
256	孚宝国际融资租赁（重庆）有限公司	2015	重庆	3999
257	盈华融资租赁有限公司	2011	深圳	3955

排名	企业名称	注册时间	注册地	注册资金（万美元）
258	上海同岳租赁有限公司	2006	上海	3913
258	上海三井住友融资租赁有限公司	2014	上海	3913
258	乐普（深圳）融资租赁有限公司	2015	深圳	3913
258	中投融资租赁（深圳）有限公司	2015	深圳	3913
259	富银融资租赁（深圳）有限公司	2012	深圳	3906
260	新世纪运通融资租赁有限公司	2011	天津	3900
260	大连世华融资租赁有限公司	2015	大连	3900
261	博凯（上海）融资租赁有限公司	2011	上海	3870
262	武汉华德融资租赁有限公司	2016	武汉	3862
263	江苏祥安融资租赁有限公司	2016	南通	3841
264	瑞奥融资租赁（上海）有限公司	2014	上海	3800
264	上海轶祥融资租赁有限公司	2015	上海	3800
264	华唐融资租赁（上海）有限公司	2015	上海	3800
264	金大通融资租赁（大连）有限公司	2015	大连	3800
264	中鼎融通（天津）融资租赁有限公司	2016	天津	3800
264	智润融资租赁（天津）有限公司	2016	天津	3800
264	中金国富国际融资租赁（天津）有限公司	2016	天津	3800
264	中天联合国际融资租赁有限公司	2016	天津	3800
264	恒信捷通（天津）融资租赁有限公司	2016	天津	3800
264	恒利融资租赁（大连）有限公司	2016	大连	3800
265	中铁国泰（厦门）融资租赁有限公司	2016	厦门	3768
265	弘高融资租赁有限公司	2011	长沙	3768
265	上海徽融融资租赁有限公司	2012	上海	3768
265	江苏华盛融资租赁有限公司	2013	苏州	3768
265	宝元融资租赁（上海）有限公司	2015	上海	3768
265	鸿冠融资租赁（上海）有限公司	2015	上海	3768
265	宏盛融资租赁（深圳）有限公司	2016	深圳	3768
265	高德汇通融资租赁（深圳）有限公司	2016	深圳	3768

排名	企业名称	注册时间	注册地	注册资金（万美元）
266	前海国采善行融资租赁（深圳）有限公司	2015	深圳	3750
267	军融融资租赁有限公司	2013	上海	3700
267	上海玺浩融资租赁有限公司	2015	上海	3700
268	深圳深港中元融资租赁有限公司	2015	深圳	3666
269	上海典昂融资租赁有限公司	2012	上海	3623
269	丰源融资租赁股份有限公司	2013	北京	3623
269	上海金源融资租赁有限公司	2014	上海	3623
269	商禾融资租赁（上海）有限公司	2014	上海	3623
269	中和鼎元融资租赁（上海）有限公司	2014	上海	3623
269	丰源鑫汇融资租赁有限公司	2014	济南	3623
269	中证寰球融资租赁股份有限公司	2015	天津	3623
269	绿景融资租赁（上海）有限公司	2015	上海	3623
269	上海灿谷融资租赁有限公司	2015	上海	3623
269	富银融资租赁（上海）有限公司	2015	上海	3623
269	上海梦琪融资租赁有限公司	2015	上海	3623
269	上海傲珊融资租赁有限公司	2015	上海	3623
269	厦门合泰昌融资租赁有限公司	2015	厦门	3623
269	世纪鲲鹏融资租赁（深圳）有限公司	2016	深圳	3623
269	中登国际融资租赁有限公司	2016	济南	3623
269	陕西信达融资租赁有限公司	2016	西安	3623
269	盛世繁华融资租赁（江苏）有限公司	2016	南通	3623
269	霍尔果斯众诚融资租赁有限公司	2016	伊犁	3623
269	上海唐胜融资租赁有限公司	2014	上海	3623
270	炎煌融资租赁（大丰）有限公司	2010	盐城	3606
271	德益齐租赁（中国）有限公司	2005	上海	3605
272	苏州邑富融资租赁有限公司	2008	苏州	3604
273	安徽宏大国际融资租赁有限公司	2012	合肥	3600
273	中创投融资租赁（天津）有限公司	2016	天津	3600

排名	企业名称	注册时间	注册地	注册资金（万美元）
273	金石（重庆）融资租赁有限公司	2014	重庆	3600
273	天津泰鼎融资租赁有限公司	2015	天津	3600
273	荣立（上海）融资租赁有限公司	2015	上海	3600
273	上海衷远融资租赁有限公司	2015	上海	3600
273	聚链融资租赁（上海）有限公司	2015	上海	3600
273	华睿融资租赁（上海）有限公司	2015	上海	3600
273	维德融资租赁（上海）有限公司	2015	上海	3600
273	上海建兴融资租赁有限公司	2015	上海	3600
273	汉丰融资租赁（上海）有限公司	2015	上海	3600
273	金硕融资租赁（上海）有限公司	2015	上海	3600
273	上海鼎裕融资租赁有限公司	2016	上海	3600
273	上海博远融资租赁有限公司	2016	上海	3600
273	恒达融资租赁（上海）有限公司	2016	上海	3600
273	上海融霖融资租赁有限公司	2016	上海	3600
273	保易通（天津）融资租赁有限公司	2016	天津	3600
273	博远融资租赁（深圳）有限公司	2016	深圳	3600
273	兼德融资租赁（深圳）有限公司	2016	深圳	3600
273	星展融资租赁（深圳）有限公司	2016	深圳	3600
273	荣庆融资租赁（深圳）有限公司	2016	深圳	3600
273	中泽国际融资租赁（深圳）有限公司	2016	深圳	3600
273	金鲁源国际融资租赁有限公司	2016	济南	3600
273	亚驰融资租赁（天津）有限公司	2016	天津	3600
274	深圳前海两型国际融资租赁有限公司	2015	深圳	3594
275	厦门星原融资租赁有限公司	2006	厦门	3590
276	深圳鸿盛达融资租赁有限公司	2016	深圳	3588
277	德众国际融资租赁有限公司	2007	天津	3500
277	安徽信成融资租赁有限公司	2010	马鞍山	3500
277	天津泰融融资租赁有限公司	2012	天津	3500

排名	企业名称	注册时间	注册地	注册资金（万美元）
277	安徽汇弘融资租赁有限公司	2012	合肥	3500
277	德通融资租赁有限公司	2012	合肥	3500
277	北京融泰展恒融资租赁有限公司	2013	北京	3500
277	上海博量融资租赁有限公司	2013	上海	3500
277	深圳华汇融资租赁有限公司	2013	深圳	3500
277	国富融资租赁（上海）有限公司	2014	上海	3500
277	山海融资租赁（连云港）有限公司	2014	连云港	3500
277	深圳市汇金融资租赁有限公司	2014	深圳	3500
277	深圳市众森融资租赁有限公司	2014	深圳	3500
277	深圳前海捷丰融资租赁有限公司	2014	深圳	3500
277	鑫渝国际融资租赁有限公司	2014	重庆	3500
277	金澜（浙江）融资租赁有限公司	2014	舟山	3500
277	大连骏富环球融资租赁有限公司	2014	大连	3500
277	佑昌滨（天津）国际融资租赁有限公司	2015	天津	3500
277	冀商融资租赁（天津）有限公司	2015	天津	3500
277	上海康永融资租赁有限公司	2015	上海	3500
277	辰敖融资租赁（上海）有限公司	2015	上海	3500
277	奥梦（上海）融资租赁有限公司	2015	上海	3500
277	上海云合融资租赁有限公司	2015	上海	3500
277	上海蕴来融资租赁有限公司	2015	上海	3500
277	上海企瑞融资租赁有限公司	2015	上海	3500
277	长达（上海）融资租赁有限公司	2015	上海	3500
277	深圳秦川国际融资租赁有限公司	2015	深圳	3500
277	深圳前海恒昌众盛融资租赁有限公司	2015	深圳	3500
277	深圳市嘉年华融资租赁有限公司	2015	深圳	3500
277	广州市融启融资租赁有限公司	2015	广州	3500
277	广州钰泰融资租赁有限公司	2015	广州	3500
277	广州锦念融资租赁有限公司	2015	广州	3500

排名	企业名称	注册时间	注册地	注册资金（万美元）
277	亿海（青岛）国际融资租赁有限公司	2015	青岛	3500
277	南昌皖江融资租赁有限公司	2015	南昌	3500
277	上海利通融资租赁有限公司	2016	上海	3500
277	祥君（上海）融资租赁有限公司	2016	上海	3500
277	恒富通（天津）融资租赁有限公司	2016	天津	3500
277	瀚美（天津）融资租赁有限公司	2016	天津	3500
277	海峡融资租赁（天津）有限公司	2016	天津	3500
277	中实融资租赁（深圳）有限公司	2016	深圳	3500
277	云宏融资租赁（深圳）有限公司	2016	深圳	3500
277	晟睿融资租赁（深圳）有限公司	2016	深圳	3500
277	苑博融资租赁（深圳）有限公司	2016	深圳	3500
277	国利通融资租赁（深圳）有限公司	2016	深圳	3500
277	山东信昌国际融资租赁有限公司	2016	济南	3500
277	青岛亚投联融资租赁有限公司	2016	青岛	3500
277	陕西中祥融资租赁有限公司	2016	西安	3500
277	陕西铭方融资租赁有限公司	2016	西安	3500
277	新世华德融资租赁（上海）有限公司	2015	上海	3500
277	嘉实（厦门）融资租赁有限公司	2008	厦门	3500
278	利隆融资租赁（江苏）有限公司	2012	南京	3478
278	上海飞宏融资租赁有限公司	2014	上海	3478
278	上海衍宏融资租赁有限公司	2014	上海	3478
278	中植隆泰融资租赁（上海）有限公司	2015	上海	3478
278	上海蓝隆融资租赁有限公司	2015	上海	3478
278	福建利达通融资租赁有限公司	2015	厦门	3478
278	深圳扬德融资租赁有限公司	2016	深圳	3478
279	时利和融资租赁（上海）有限公司	2013	上海	3459
280	江苏瀚瑞金控融资租赁有限公司	2016	镇江	3443
281	昊华融资租赁（江苏）有限公司	2015	苏州	3420

排名	企业名称	注册时间	注册地	注册资金（万美元）
282	鑫洋融资租赁有限公司	2014	上海	3406
282	翊天泰（厦门）融资租赁有限公司	2014	厦门	3406
283	展硕融资租赁有限公司	2010	北京	3400
283	聚贤融资租赁（上海）有限公司	2014	上海	3400
283	深圳门萨融资租赁有限公司	2014	深圳	3400
283	百业融鑫（深圳）融资租赁有限公司	2015	深圳	3400
283	上海诚成融资租赁有限公司	2016	上海	3400
284	中航辛福融资租赁股份有限公司	2016	广州	3382
285	诺楠融资租赁（深圳）有限公司	2016	深圳	3380
285	紫乐轩融资租赁（深圳）有限公司	2016	深圳	3380
286	中盛弘国际融资租赁有限公司	2014	上海	3368
287	明信（上海）融资租赁有限公司	2013	上海	3360
288	深圳南海国际融资租赁有限公司	2013	深圳	3354
289	弘义融资租赁（上海）有限公司	2016	上海	3333
289	广东粤合融资租赁股份有限公司	2012	广州	3333
289	旭银融资租赁（上海）有限公司	2014	上海	3333
289	坤厚融资租赁（上海）有限公司	2014	上海	3333
289	华夏恒业融资租赁有限公司	2014	上海	3333
289	昕高融资租赁（上海）有限公司	2014	上海	3333
289	兆邦（上海）融资租赁有限公司	2014	上海	3333
289	融乐融资租赁（上海）有限公司	2014	上海	3333
289	山东山水融资租赁有限公司	2014	济南	3333
289	重庆润金融资租赁有限公司	2014	重庆	3333
289	炜然融资租赁（上海）有限公司	2015	上海	3333
289	鑫丰融资租赁（上海）有限公司	2015	上海	3333
289	融勤融资租赁（上海）有限公司	2015	上海	3333
289	荣旺融资租赁（上海）有限公司	2015	上海	3333
289	茂辰融资租赁（上海）有限公司	2015	上海	3333

排名	企业名称	注册时间	注册地	注册资金（万美元）
289	帅旗融资租赁（上海）有限公司	2015	上海	3333
289	锦福融资租赁（上海）有限公司	2015	上海	3333
289	帅振融资租赁（上海）有限公司	2015	上海	3333
289	沣倚融资租赁（上海）有限公司	2015	上海	3333
289	上海国顺融资租赁有限公司	2015	上海	3333
289	瑞璞融资租赁（上海）有限公司	2015	上海	3333
289	露宁融资租赁（上海）有限公司	2015	上海	3333
289	诸晋融资租赁（上海）有限公司	2015	上海	3333
289	金拍融资租赁（上海）有限公司	2015	上海	3333
289	莱龙融资租赁（上海）有限公司	2015	上海	3333
289	昊钱融资租赁（上海）有限公司	2015	上海	3333
289	鎏金融资租赁（上海）有限公司	2015	上海	3333
289	华呈融资租赁有限公司	2015	嘉兴	3333
289	逸兰融资租赁（上海）有限公司	2016	上海	3333
289	前海丰泽融资租赁（深圳）有限公司	2016	深圳	3333
289	潍坊亚金联融资租赁有限公司	2016	潍坊	3333
289	嘉阳融资租赁（厦门）有限公司	2015	厦门	3333
290	广嘉正通融资租赁（深圳）有限公司	2016	深圳	3330
291	瑞丰（天津）融资租赁有限公司	2013	天津	3320
292	青年优品融资租赁有限公司	2016	宁波	3317
293	青岛金时融资租赁股份有限公司	2016	青岛	3304
293	国瑞汇通融资租赁（天津）有限公司	2014	天津	3304
294	美旗亚太融资租赁有限公司	2010	北京	3300
294	中侨融资租赁有限公司	2012	天津	3300
294	合肥华元融资租赁有限公司	2012	合肥	3300
294	重庆雅实融资租赁有限公司	2013	重庆	3300
294	江苏盈梓融资租赁有限公司	2013	常州	3300
294	海纳融资租赁有限公司	2013	广州	3300

排名	企业名称	注册时间	注册地	注册资金（万美元）
294	之江融资租赁（上海）有限公司	2014	上海	3300
294	天晟瑞豪融资租赁有限公司	2014	青岛	3300
294	前海中旭鑫盈融资租赁（深圳）有限公司	2014	深圳	3300
294	汇邦融资租赁（上海）有限公司	2015	上海	3300
294	上海七里港融资租赁有限公司	2015	上海	3300
294	歆宸融资租赁（上海）有限公司	2015	上海	3300
294	锐丰（深圳）融资租赁有限公司	2015	深圳	3300
294	深圳市锐兴泰融资租赁有限公司	2015	深圳	3300
294	深圳市锐鸿逸融资租赁有限公司	2015	深圳	3300
294	珠海市锐鼎融资租赁有限公司	2015	珠海	3300
294	珠海市铭豪融资租赁有限公司	2015	珠海	3300
294	鑫祺晟国际融资租赁有限公司	2015	成都	3300
294	深圳锦宜沣融资租赁有限公司	2016	深圳	3300
294	深圳市铧泰融资租赁有限公司	2016	深圳	3300
294	洪煊融资租赁（深圳）有限公司	2016	深圳	3300
294	泰如融资租赁（深圳）有限公司	2016	深圳	3300
294	助你融资租赁（深圳）有限公司	2016	深圳	3300
294	中太国际融资租赁（深圳）有限公司	2016	深圳	3300
294	深圳市元亨利贞融资租赁有限公司	2016	深圳	3300
294	百川国际融资租赁（深圳）有限公司	2016	深圳	3300
294	国畅融资租赁（深圳）有限公司	2016	深圳	3300
294	中旭鑫盈融资租赁（唐山）有限公司	2016	唐山	3300
294	江苏福海融资租赁有限公司	2013	泰州	3300
295	广茂融资租赁（重庆）有限公司	2015	重庆	3290
296	先行永信国际融资租赁有限公司	2015	天津	3287
297	广西通盛融资租赁有限公司	2013	柳州	3265

排名	企业名称	注册时间	注册地	注册资金（万美元）
298	青岛振城融资租赁有限公司	2013	青岛	3260
299	青岛北大荒海睿融资租赁有限公司	2013	青岛	3255
300	锐翰融资租赁（深圳）有限公司	2015	深圳	3250

资料来源：中国租赁联盟、天津滨海融资租赁研究院。

注：

1. 名录上的企业系截至 2016 年底登记在册并处运营中的企业；

2. 外资租赁企业注册资金按美元兑人民币 1:6.9 的平均汇率折算为美元；

3. 注册时间指企业获得批准设立或正式开业的时间；

4. 注册地指企业本部的注册地址。

编后语

《2016 年中国融资租赁业发展报告》由中国租赁联盟和天津滨海融资租赁研究院组织编写，得到了全国人大、商务部、银监会、国家税务总局、最高人民法院、中国社会科学院、南开大学经济学院、天津商业大学租赁学院、天津财经大学研究生院等部门和院校的许多业内专家的指导与帮助，中国银行业协会金融租赁专业委员会、中国外商投资企业协会租赁业工作委员会、中国国际商会租赁委员会以及北京、上海、浙江、广东、陕西、山东、河南、辽宁、福建等地租赁行业协会和众多租赁企业提供了大量宝贵的资料，编辑部的工作人员付出了大量艰辛的劳动。如果没有他们的指导、帮助和卓有成效的工作，本报告是不可能顺利编写和发布的。在此，编委会特向他们表示诚挚的感谢。

需要指出的是，本报告的文件、数据、案例等来源于多个方面，引用时请注明出处并注意核对原始资料。鉴于资料来源所限，本报告中未包括中国港澳台地区相关数据。

《2016 年中国融资租赁业发展报告》的著作权属本编委会，由南开大学出版社出版。任何单位或个人未经同意，不得以任何形式转载或再版，引用时请注明出处。

本报告的编写和发布是一项艰巨的工作，我们力求将这一工作做好，但由于资料所限和缺乏经验，问题和错误肯定存在，衷心希望业内有关专家和广大读者提出宝贵意见。

编委会

2017 年 4 月于天津